챗GPT 활용해
한달 만에
자서전 쓰기

김연욱 지음

챗GPT와 함께라면,
누구나 쉽게 저자가 될 수 있습니다.

마이스터연구소

프롤로그

21세기 디지털 시대, 많은 사람들이 빠르게 변화하는 세상 속에서 자신만의 이야기를 어떻게 효과적으로 전달할 것인지에 대한 고민을 하게 된다.

그렇지만, 여러분이 이 책을 손에 쥔 순간부터 그 고민은 끝나고 새로운 시작이 된다. 이 책, 『챗GPT 활용해 한달 만에 자서전 쓰기』는 단순한 글쓰기 가이드가 아니다. 이는 인공지능의 놀라운 능력을 활용해 여러분이 한 달 만에 자신만의 자서전을 완성할 수 있도록 도와주는 파격적인 도구이다.

챗GPT의 고급 자연어 처리 기술을 이용하면 더 이상 글을 쓰는 것이 부담스러운 일이 아니라, 여러분의 생각과 경험을 놀라운 속도와 정확성으로 글로 옮길 수 있다. 단순한 질문 응답을 넘어, 복잡한 내용조차도 챗GPT가 여러분을 도와 손쉽게 작성해낼 수 있다.

이론적인 지식보다 실용적인 방법에 중점을 둔 이 책은 단계별 안내와 실제 예시를 통해 글쓰기를 단순화하고, 누구나 쉽게 따라할 수 있게 안내한다.

그러니 이 책을 통해 여러분의 이야기를 어떻게 혁신적인 방법으로 세상에 공개할 수 있을지 자세히 알아보자. 출판 계획부터 작성, 수정 과정까지, 이 책은 여러분의 손을 잡고 길을 안내할 것이다.

인공지능과 글쓰기에 대한 깊은 이해를 바탕으로 이 도구의 효율적 사용법을 여러분에게 전달할 것이다. 이 책을 통해 인공지능 기술이 우리의 글쓰기에 어떤 혁신적인 변화를 가져올 수 있는지 살펴볼 것이다.

챗GPT는 '대화 생성 모델'이라고도 불리는 형태의 인공지능이다. 이 모델은 단순히 문장을 생성해내는 것 뿐만 아니라, 생각을 정리하고 구조화하는데에도 큰 도움을 줄 수 있다. 이러한 기술을 활용하면, 아이디어를 빠르게 스케치하고, 이를 세밀하게 다듬어 세련되고 멋진 자서전을 작성할 수 있다.

챗GPT는 단순한 인공지능이 아니다. 특히 글쓰기에서는 정말 유용한, '글쓰기 혁명'을 이끌 강력한 도구이다. 이 기술은 단순한 임무 수행이나 정보 검색에만 사용하는 도구가 아니다. 여러분이 이 영역에 진입하는 순간, 많은 것을 배울 수 있고 도움을 받을 수 있을 것이다.

이 책을 통해 여러분은 다음과 같은 것들을 배울 수 있을 것이다.

첫째, 챗GPT를 활용한 아이디어 생성과 브레인스토밍.
둘째, 효과적인 문장 구조와 표현 방법.
셋째, 인공지능과 협업해 본문을 작성하고 수정하는 과정.

여러분의 이야기는 특별하고 중요하다. 이 책은 그 이야기를 최대한 효과적으로 전달할 수 있는 방법을 제공하며, 그 과정에서 챗GPT와 같은 혁신적인 도구를 활용해 글쓰기의 전체 과정을 혁신적으로 바꿀 수 있다. 이 책이 제공하는 통찰과 지침은 여러분이 직면하는 어떠한 글쓰기 문제도 해결하는 열쇠가 될 것이다.

지금까지 글쓰기에 대한 여러분의 모든 고정관념을 버려보자. 이 책은 그런 관념을 깨고, 새로운 글쓰기의 가능성을 보여준다. 챗GPT의 도움을 받아 단 한 달 만에 여러분만의 자서전을 완성해보는 것, 그것이 이 책이 여러분에게 제공하는 가치다.

이제 그 첫 단계를 떼어보자. 『챗GPT 활용해 한달 만에 자서전 쓰기』를 통해 여러분의 이야기를 세상과 공유하는 새로운 시작, 그 첫걸음을 지금부터 시작해보자.

이 책의 끝을 펼치면, 여러분은 단순한 글쓰기의 수준을 넘어, 자기 자신과 세상을 이해하는 또 하나의 차원을 열게 될 것이다. 문장 하나, 단어 하나가 여러분의 이야기와 연결되는 순간, 글쓰기는 단순한 표현 수단에서 예술, 그리고 의미 있는 대화로 승화된다. 챗GPT는 이 과정에서 여러분의 창의력을 제한하지 않는다. 오히려 기존 생각의 틀을 벗어나, 더 깊고 풍부한 내용을 탐구할 수 있는 신뢰의 파트너가 될 것이다.

이 책을 읽은 후, 여러분은 글쓰기라는 일이 결코 혼자 하는 작업이 아니라는 것을 깨닫게 될 것이다. 챗GPT는 여러분의 생각과 감정, 목표를 이해하고 이를 글로 만들어나가는 과정에서 함께 할 것이다. 인공지능의 이러한 협력적 능력은 여러분이 단순히 글을 쓰는 것에서 더 나아가, 세상에 던지는 물음과 대화를 생성하고 확장하는 데 큰 힘이 될 것이다.

이 모든 것을 가능하게 하는 『챗GPT 활용해 한달 만에 자서전 쓰기』는 누구나 쉽게 접근할 수 있으며 복잡한 설치나 특별한 소프트웨어는 필요하지 않다. 다만 열린 마음과 책을 펼친다는 것, 그런 호기심만이 필요하다. 그것만으로도 여러분은 이 책을 통해 새로운 세상을 경험하고, 자신만의 이야기를 다양한 사람들과 공유할 수 있는 무한한 가능성을 열게 될 것이다.

여러분이 이 책의 프롤로그를 읽고 있는 이 순간에도 새로운 이야기와 가능성이 무한히 펼쳐지고 있다. 이 책을 닫고 나면, 여러분의 글쓰기 여정은 더 이상 예전과 같지 않을 것이다.

물론, 챗GPT와 같은 인공지능 기술은 완벽하지 않다. 하지만 그 한계와 단점을 알고 이를 적절히 활용한다면, 놀랍도록 효과적인 작성 도구가 될 수 있다.

여러분이 이 책을 통해 얻을 수 있는 것은 단순히 '어떻게 챗

GPT를 사용하는지'에 대한 지식이 아니다. 더 중요한 것은, 기술과 인간이 어떻게 협력해 더 나은 창조적 결과물을 만들어낼 수 있는지에 대한 이해이다.

    이 책이 여러분의 자서전 작성 뿐만 아니라 다양한 창작 활동에도 큰 도움이 되길 바란다.

김연욱

- 차 례 -

프롤로그　　　2

1부 인공지능과 자서전의 기초　　　11

　01 인공지능과 자서전의 만남 13
　02 글쓰기의 기초 33
　03 자서전 작성을 위한 준비 53

2부 인공지능을 활용한 자서전 작성 방법　　　101
　04 기본 구성과 흐름 103
　05 작성의 방법론 125
　06 실제 챗GPT 활용한 실습 165

3부 자서전의 완성과 출판　　253

　07 출판 형태 결정 및 고려사항 255
　08 나의 이야기에서 무엇을 얻을 것인가? 269

1부

인공지능과 자서전의 기초

01
인공지능과 자서전의 만남

✏️ 자서전을 쓰는 것이 왜 중요한가?

자서전을 쓰는 것은 자신을 깊게 이해하는 프로세스에서 시작한다. 그 이해는 단순히 과거를 회상하는 것을 넘어 자신의 삶의 의미를 체계적으로 정리하고 그 과정에서 자기 자신을 새롭게 발견할 수도 있다. 개인의 경험과 감정, 지식을 통합해 자신만의 독특한 이야기를 만들어 낼 수 있는 기회가 자서전인 것이다. 자서전은 자신을 둘러싼 사람들, 혹은 미래의 세대에게 귀중한 교훈과 메시지를 전할 수 있는 가장 강력한 수단 중 하나다.

이건 단순히 자기 자신에게나 의미 있는 일이 아니다. 자서전은 다른 이들에게도 큰 힘이 될 수 있다. 어쩌면 나의 이야기가 누군가에게 큰 위로가 될 수 있고, 내가 겪은 시련과, 그것을 어떻게 극복했는지를 듣고 다른 이들도 자신의 문제를 해결하는 데 도움을 받을 수 있다. 자서전을 통해 전달되는 인간의 본질적 경험은 문화나 국경을 초월한다. 자서전은 공감과 이해의 통로를 열어주며, 그 자체로 하나의 교육적 가치와 사회적 의미를 지닌다.

또한, 이 디지털 시대에 자서전을 작성하는 것은 기술을 활용해 자신의 이야기를 더 넓은 사람들에게 쉽게 접근할 수 있게 해준다. 인공지능 기술의 도움을 받아 단순한 텍스트를 넘어 사진, 영상, 음악 등 다양한 멀티미디어 요소를 통합해 더 풍부하고 다채로운 이야기를 만들 수 있다.

자서전을 쓰는 것은 단순히 과거를 돌아보는 것 이상의 가치를 지닌다. 이는 자기계발의 수단이기도 하고 다른 이들과 공감하고 소통하는 도구이기도 하다. 무엇보다 나 자신과 타인을 이해하는 최고의 방법 중 하나라고 할 수 있다.

내 이야기가 어떻게 받아들여지든, 자서전을 쓰는 것은 자기인식과 성장에 대한 지속적인 탐구다. 이 탐구는 자신을 어떻게 보는지, 어떻게 느끼는지, 어떻게 사랑하는지에 대한 근본적인 문제에 닿게 해준다. 자서전을 쓰면서 자신의 삶을 돌아보게 되면, 그 과정에서 자신의 가치와 신념, 목표에 대해 더욱 분명하게 인식하게 된다. 이런 인식은 삶의 방향을 잡는 데 큰 도움이 되고, 또한 미래의 선택과 결정을 내릴 때 더욱 신중하고 명확하게 할 수 있게 해준다.

자서전은 또한 역사적인 측면에서도 중요하다. 본인이나 가족, 내가 속한 공동체의 역사를 보존하는 하나의 방법이 될 수 있다. 이는 후대에게 소중한 유산이 될 수 있고, 그들이 과거의 사람들이 어떤 삶을 살았는지, 어떤 선택을 했는지를 이해하는 데 도움을 줄 수 있다. 이렇게 되면 자서전은 단순히 개인의 이야기를 넘어 사회나 문화, 심지어는 인류의 역사를 이해하는 하나의 창이 될 수 있다.

자서전 작성은 심리적인 측면에서도 다양한 이점이 있다. 자기 자신의 이야기를 쓰다 보면 마치 치유의 과정을 겪는 것과 같다. 과거의 아픔이나 실패, 그로 인한 감정과 상처를 마주하게 되고, 이를 어떻게 극복했는지를 되새김질하게 된다. 이 과정에서 자기 자신을 위로하고 새로운 희망과 용기를 얻게 된다.

자서전을 쓰는 것은 여러 측면에서 중요하다. 개인적으로는 자기 이해와 성장의 터전이 될 수 있고, 사회적으로는 다른 사람들과의 공감과 소통의 창구가 될 수 있다. 더 나아가 이는 역사와 문화의 이해, 심리적 치유까지 가능하게 하는 매우 특별하고 중요한 활동이라고 할 수 있다. 그러니까 여러분도 한 번 자서전을 써보는 건 어떨까?

물론, 자서전을 쓰는 것이 쉬운 일은 아니다. 자신의 삶을 정직하게 돌아보고 그것을 다른 이에게 보여주려는 것은 용기가 필요한 일이다. 하지만 그렇기 때문에 자서전은 자신을 더욱 강하게 만들어주기도 한다. 어려움과 도전, 성공과 실패를 겪으며 얻은 교훈을 풀어놓게 되면, 그것은 단순히 자신만의 이야기가 아니라 다른 이들에게도 영감을 줄 수 있는 소중한 자산이 된다.

많은 사람들이 자서전을 읽고자 하는 이유 중 하나는 바로 다른 이의 삶에서 어떠한 교훈을 얻고자 하는 것이다. 본인의 경험이 다른 사람의 삶에 어떤 긍정적인 영향을 미칠 수 있는지 알 수 없다. 그래서 자서전은 다른 사람들에게도 큰 의미를 지닐 수 있다.

또한, 자서전을 통해 언어와 문장을 다루는 능력도 향상시킬 수 있다. 자신의 이야기를 구조적으로 잘 풀어내려면 생각을 정리하고, 그것을 표현하는 방법을 찾아야 한다. 이 과정에서 언어의 힘이 얼마나 중요한지, 어떻게 하면 더 효과적으로 자신을 표현할 수 있는지를 배우게 된다. 이는 쓰기뿐만 아니라 일상 대화에서도 큰 도움이 될 것이다.

당연히 자서전은 그 자체로도 예술적 가치를 지닌다. 좋은 자서전은 독자에게 감동과 공감, 인생에 대한 깊은 통찰을 제공할 수 있다. 이는 문학적인 표현과 함께 나타나기도 하고, 단순한 이야기의 흐름과 구성을 통해 나타나기도 한다. 자서전 작성은 단순히 자신을 알아가는 과정이 아니라 자신의 삶을 예술적으로 표현하는 과정이기도 하다.

자서전을 쓰는 것은 그 자체로 다양한 이유와 목적을 가진 중요한 활동이다. 자기 자신을 더 잘 알아가는 과정, 역사와 문화의 연결고리를 이해하는 수단, 다른 이와 공감과 소통을 할 수 있는 창구 등 다양한 이점을 지니고 있다. 자서전 쓰기를 고려한다면,

그것은 단순히 시간을 보내는 일이 아니라 자신과 다른 이, 세상에 대해 더욱 깊게 이해할 수 있는 값진 경험이 될 것이다.

✏️ 챗GPT, 이게 뭐지?

인공지능과 챗GPT를 이해하기 위해서는 먼저 인공지능이 무엇인지 알아야 한다. 일반적으로 인공지능은 사람처럼 학습하고, 추론하고, 문제를 해결하는 능력을 가진 컴퓨터 시스템을 의미한다. 인공지능의 핵심은 알고리즘과 데이터다. 여기에는 머신러닝, 딥러닝, 자연어 처리 같은 다양한 기술이 쓰인다. 머신러닝은 컴퓨터가 스스로 학습하는 방법을 제공하고, 딥러닝은 신경망을 통해 복잡한 패턴을 인식한다. 자연어 처리는 이러한 기술을 통해 언어를 이해하고 생성하는 데 사용된다.

이러한 배경 지식을 가지고 챗GPT를 보면, 이는 특히 자연어 처리에 중점을 둔 인공지능이다. GPT는 'Generative Pre-trained Transformer'의 약자로, 수많은 문장과 문서를 통해 미리 학습한 뒤 새로운 문장을 생성하는 모델이다. 이 모델은 사용자의 입력에 대해 가능한 자연스러운 대답을 생성해내는 것을 목표로 한다.

챗GPT의 동작 원리를 간단하게 설명하면, 사용자로부터 입력을 받아 이를 처리하고 그에 가장 적절한 문장을 생성해서 출력한다. 입력은 토큰화라는 과정을 거쳐 모델이 이해할 수 있는 형태로 변환되고, 모델은 이 토큰들을 분석해 문맥을 파악한다. 그 다음 가장 적절한 답변을 생성하기 위해 내부적으로 수많은 계산을 수행한다. 이렇게 생성된 답변은 다시 사용자가 이해할 수 있는 언어로 변환되어 출력된다.

하지만 중요한 것은 챗GPT가 아무리 복잡한 알고리즘과 방대한 데이터를 가지고 있더라도 그것은 '이해'하는 것이 아니다. 즉, 인공지능은 데이터 패턴을 인식하고 이를 바탕으로 새로운 내용을 생성할 수는 있지만, 그것에 의미나 감정, 의도를 부여하는 것은 아니다. 이 점을 이해하는 것이 중요하다. 그래서 챗GPT는 특정한 질문에 대해 학습 데이터에 기반한 적절한 답을 할 수는 있지만, 그것이 왜 그러한 답을 하는지, 또는 그것이 어떤 의미를 가지는지 알지 못 한다.

챗GPT와 같은 인공지능이 사회와 생활, 기술에 미치는 영향도 상당하다. 이미 여러 산업에서는 인공지능이 다양한 역할을 하고 있다. 하지만 이러한 기술의 발전에 따른 윤리적, 사회적 문제도 있다. 데이터의 편향성, 개인정보의 보호, 인공지능의 결정에 대한 책임과 같은 문제들이다. 따라서 이러한 기술을 올바르게 이해하고 적절히 활용하는 것이 중요하다.

인공지능과 챗GPT를 이해하는 것은 단순히 기술적인 문제가 아니라 이를 어떻게 활용하고, 그로 인한 여러 가지 문제에 어떻게 대응할 것인지를 고민하는 과정도 포함된다. 이는 개인뿐만 아니라 사회 전체에 영향을 미치는 큰 문제이므로 깊게 이해하고 잘 활용하는 것이 필요하다.

물론, 인공지능과 챗GPT의 발전은 끊임없이 진행되고 있어 이해의 범위와 깊이도 지속적으로 확장되어야 한다. 예를 들어 처음에는 단순한 챗봇이었던 챗GPT가 점점 더 복잡한 작업을 수행할 수 있게 되고, 이는 다시 그 응용 범위를 넓히는 결과를 가져온다. 이런 식으로 챗GPT와 같은 인공지능 기술은 계속해서 발전하며 우리 생활에 더 깊숙이 들어오게 될 것이다.

이러한 변화와 발전이 있을 때마다 인공지능을 어떻게 이해하고 활용할 것인지에 대한 고민은 더욱 복잡해질 수밖에 없다. 인공지능이 예술이나 창의성과 같은 전통적으로 '인간만의 영역'으로 여겨진 분야에까지 접근한다면 그에 대한 논의는 더욱 복잡해질 것이다. 또한, 인공지능이 사회적, 정치적 결정에 영향을 미치게 될 경우 그 책임과 투명성, 공정성에 대한 문제도 함께 논의되어야 할 것이다.

이러한 기술이 갖는 한계와 가능성, 그 사이에서 발생할 수 있는 다양한 문제들에 대한 이해도 중요하다. 특히 챗GPT 같은 경우는 '잘못된 정보'를 전달할 수도 있거나, 사용자의 의도를 완벽하게 파악하지 못할 가능성이 있다. 이런 점들을 감안해 인공지능 기술의 활용에는 신중함이 요구된다.

인공지능과 챗GPT를 이해하는 것은 단순한 테크놀로지 문제를 넘어 사회적, 윤리적, 심지어는 철학적인 문제에까지 연결된다. 그렇기에 이를 올바르게 이해하고 적절히 활용하기 위해서는 다양한 분야의 지식과 고민이 필요하다. 이것이 인공지능과 챗GPT, 그와 관련된 기술과 이슈를 어떻게 이해할 것인가에 대한 중요한 포인트라고 할 수 있다.

지금까지의 발전을 보면 이 둘은 앞으로도 계속해서 발전하고 변화할 것이며, 그로 인해 우리가 이해하고 대응해야 할 문제들도 계속해서 늘어날 것이다. 그만큼 이해와 고민의 필요성은 더욱 커질 것이며, 이는 개인뿐만 아니라 사회, 인류 전체로 확장될 문제이다.

그렇다면 이제 우리는 인공지능과 챗GPT가 가져다주는 잠재적인 이점과 위험성에 대해서도 조금 더 깊게 이해해야 한다. 기술이 빠르게 발전하는 현재 상황에서 이러한 툴이 어떻게 사회 구조와 인간의 삶에 영향을 미치는지에 대한 통찰력이 중요하다.

인공지능이 더욱 복잡한 데이터를 분석할 수 있게 되면 이는 의료, 교육, 환경과 같은 여러 분야에서 혁신을 가져올 수 있다. 하지만 동시에 이런 기술이 부정확하거나 편향된 데이터에 기반하여 만들어진다면, 그 결과는 오류를 낳거나 사회적 불평등을 심화시킬 수도 있다.

이와 유사하게 챗GPT는 빠르게 정보를 검색하고 대화를 이끌어갈 수 있으므로 사람들이 정보에 더 쉽게 접근하고 의사소통을 더 효과적으로 할 수 있게 도와준다. 하지만 이것이 익명성을 악용하거나 허위 정보를 더 쉽게 확산시키는 경로가 될 수 있음을 염두에 둬야 한다. 또한, 챗GPT의 의사결정 알고리즘은 항상 완벽하지 않기 때문에 사용자는 그 권고사항이나 정보에 너무 맹신해서는 안 된다.

　이 모든 것을 종합할 때, 인공지능과 챗GPT를 어떻게 이해하고 활용할 것인가는 단순한 기술적 문제를 넘어서는 복잡한 이슈가 되고 있다. 이를 올바르게 다루기 위해서는 기술적 측면 뿐만 아니라 윤리적, 사회적, 심지어 정치적 측면에서의 균형 있는 접근 방식이 필요하다. 그렇지 않으면 이러한 고도로 발전한 기술이 가져다주는 이점을 제대로 활용하지 못하고 오히려 위험성과 문제점만을 확대할 수 있다. 지금이야말로 인공지능과 챗GPT에 대한 다각도의 이해와 고민, 그로 인한 현명한 대응 전략을 세우는 것이 절실하다고 할 수 있다.

✏️ 기술을 이용해 이야기를 빚어내다

기술과 이야기는 오래전부터 사람들이 상상력을 발휘하고 새로운 세상을 탐험하는 두 가지 주요한 수단이었다. 그런데 이 두 요소가 챗GPT와 같은 인공지능 플랫폼에서 만나면서 전혀 새로운 창조의 무대가 열렸다. 옛날에는 사람들이 이야기를 전달하기 위해 구두 전달, 서적, 라디오, 텔레비전 등 다양한 매체를 이용했다. 지금은 챗GPT와 같은 인공지능을 통해 무엇을 원하든지 거의 즉시 생성할 수 있는 상황이다.

이제 우리는 원하는 정보를 얻거나, 창작의 과정에서 블록에 봉착했을 때 새로운 아이디어를 얻거나, 심지어는 우리 자신에 대해 더 깊게 이해할 수 있는 기회를 얻었다. 챗GPT가 생성하는 텍스트는 단순한 대화 이상으로 새로운 이야기나 아이디어, 심지어는 복잡한 분석까지도 가능하게 해준다. 이런 점에서 챗GPT와 같은 인공지능은 단순한 정보의 검색과 제공을 넘어 인간의 창의성과 상상력을 촉진시키는 도구로 작용할 수 있다.

그럼에도 불구하고 이런 기술이 가진 놀라운 가능성과 동시에 그것이 수반하는 위험성도 이해해야 한다. 챗GPT가 작성한 텍스트가 언제나 100% 정확하거나 믿을 만하다고 단정할 수 없다. 그러한 정보나 이야기를 비판적인 시각으로 접근하는 것이 중요하다.

또한, 기술이 개인의 창의성을 대체하게 될 위험도 있다. 사람들이 너무 챗GPT에 의존하게 되면 자기 자신의 상상력이나 창의력을 개발하는데 있어서 게을러질 수도 있다.

챗GPT와의 만남은 기술과 이야기가 만나 서로를 더욱 풍부하게 하는 놀라운 경험일 수 있다. 하지만 그와 동시에 이 기술이 우리에게 어떤 영향을 미칠지, 우리가 이를 어떻게 책임 있게 다룰지에 대해 깊게 생각하는 것도 중요하다. 그렇게 함으로써만 기술이 인간의 이야기를 더 풍부하고 다양하게 만들 수 있을 것이다.

그렇다면 이러한 기술과 이야기의 결합이 더 나아가는 방향은 어떤 것일까? 앞으로 챗GPT와 같은 인공지능 기술이 더욱 발전하면서 사람들은 더 다양한 형태의 이야기와 창작물을 만들어낼 수 있을 것이다. 지금은 주로 텍스트 기반의 인터랙션을 하지만 앞으로는 음성, 그림, 심지어는 가상 현실과 같은 다른 매체를 통해 인공지능과 상호작용하는 경우가 늘어날 수 있다. 이런 멀티미디어 환경에서 챗GPT는 단순한 대화 상대 이상의 역할을 할 수 있게 될 것이다.

또한, 인공지능이 사회, 문화, 심리 등에 대한 이해를 더욱 깊게 갖게 되면, 그것은 더욱 복잡하고 다양한 이야기를 만들어낼 수 있는 능력을 가지게 될 것이다. 여기에는 예술, 과학, 철학과 같은 다양한 분야에서의 인사이트를 제공하는 능력도 포함될 수 있다. 이런 다양한 지식과 능력을 가진 인공지능을 통해 사람들은 자신이 경험하지 못한 새로운 시각이나 문화, 지식에 대해 알게 될 것이다.

그렇지만 이 모든 가능성을 누릴 수 있으려면 인공지능의 적절한 활용과 규제가 필요하다. 인공지능이 생성한 내용이 혐오적이거나 불합리한 정보를 전파하는 것을 막아야 하며, 인간의 창의성과 독창성을 해치지 않도록 주의해야 한다. 또한, 인공지능이 개인정보를 어떻게 다루고, 그것을 어떻게 활용할지에 대한 명확한 가이드라인과 법적 장치가 필요하다.

이런 여러 가지 측면을 고려할 때 챗GPT와 같은 인공지능과 만남은 우리에게 막연한 미래가 아니라 현재 진행형의 현실이다. 이 기술을 어떻게 활용하고 발전시킬지는 우리 모두에게 달려 있다. 우리가 이 기술을 어떻게 적극적으로 책임감 있게 활용하느냐에 따라 인공지능은 단순한 도구에서 더 나아가 인간의 삶과 문화, 심지어는 사상까지도 뒤흔들 수 있는 파괴적인 힘을 가질 수 있다. 이 때문에 이 기술과 만남을 통해 우리는 새로운 형태의 이야기와 창작물을 만들어내면서도 그 기술이 가진 한계와 위험성을 항상 고려해야만 한다. 그렇게 해서 기술과 이야기가 서로를 더욱 발전시키고, 인간의 삶을 더욱 풍요롭게 만들 수 있을 것이다.

이러한 기술과 이야기의 결합이 사회 전체에 미치는 영향 역시 무시할 수 없다. 우리가 가진 문제나 고민에 대한 해결책을 찾거나 새로운 시각을 제공하는 것뿐만 아니라, 이 기술은 교육, 의료, 정치적 의사결정 과정에도 활용될 수 있다. 인공지능이 어린이나 학생들에게 맞춤형 교육 콘텐츠를 제공하면, 그들은 더 효과적으로 학습할 수 있을 것이다. 또는 의료 분야에서, 챗GPT와 같은 인공지능이 환자의 증상이나 의료 기록을 분석해 의사에게 보다 정확한 진단을 도와주면 더 나은 치료 방법을 찾을 수 있다.

하지만 이 모든 이점과 가능성에도 불구하고 인공지능 기술의 빠른 발전은 우리에게도 새로운 도전을 제시한다. 데이터 보안과 프라이버시 문제, 또는 인공지능이 예측 불가능한 방식으로 작동해 일어날 수 있는 불상사 등 이러한 기술을 적절히 관리하고 제어해야 할 필요가 있다. 그렇지 않으면 이 기술이 가져다주는 이점보다 큰 문제를 초래할 수 있다.

이 기술이 무한한 가능성을 가지고 있지만, 결국 그것은 우리가 어떻게 활용하느냐에 달려 있다. 기술 자체는 중립적이지만 그것을 어떻게, 어디에, 왜 사용하느냐에 따라 그 가치가 달라진다. 이 기술과 만남을 통해 우리가 가져야 할 것은 단순한 흥미나 호기심을 넘어 이러한 기술을 어떻게 사회적, 문화적, 윤리적 측면에서도 긍정적으로 활용할 수 있을지에 대한 깊은 고민을 해야 하는 것이다.

챗GPT와 같은 인공지능 기술과 만남은 단순히 새로운 형태의 대화 상대나 창작 도구를 넘어 우리 삶의 많은 분야에서 새로운 가능성과 기회, 도전을 제시한다. 이는 기술과 이야기, 인간 사이의 복잡하지만 흥미로운 상호작용을 통해 이루어진다. 이 기술을 단순히 새로운 장난감처럼 여기지 말고 그 속에 담긴 무한한 가능성과 책임을 모두 우리가 함께 고민하고, 그 해답을 찾아 나가야 할 것이다.

✏️ 자서전 작성에 인공지능이 개입하면?

자서전에 인공지능을 끼얹으면 상상력을 넘어선 혁신이 일어날 수 있다. 먼저 자서전을 작성하는 과정이 훨씬 효율적이고 편리해질 것이다. 일반적으로 사람들은 자신의 삶을 되돌아보고 글로 표현하는 과정에서 많은 시간과 노력이 소요되는데, 인공지능이 이 과정을 돕는다면 막히는 부분을 쉽게 극복할 수 있을 것이다. 인공지능은 작성자가 어떤 주제나 시기에 대해 어떻게 느꼈는지, 어떤 결정을 내렸는지에 대한 인사이트를 제공하면서 작성을 도울 수 있다.

또한, 인공지능을 활용하면 자서전의 내용을 다양한 포맷으로 쉽게 변환할 수 있다. 텍스트로 작성된 자서전을 오디오북이나 비디오, 심지어는 가상 현실 경험으로 변환하는 것이 가능하다. 이런 멀티미디어 형식은 독자나 청취자가 작성자의 경험과 감정을 더 깊이 이해하는 데 도움을 줄 수 있다.

가장 흥미로운 점은, 인공지능이 개인의 삶과 사고방식, 감정을 데이터로 분석해 그 사람만의 독특한 '스타일'을 만들어낼 수 있다는 것이다. 즉, 작성자가 과거에는 인식하지 못했던 자신의 패턴이나 특성, 장단점을 발견하게 도와줄 수 있다. 이러한 통찰은 자서전을 작성하는 목적 중 하나인 '자기성찰'과 '자기이해'를 더욱 깊게 해줄 수 있을 것이다.

또 하나 중요한 측면이 있다. 그것은 인공지능을 활용한 자서전이 단순한 문서 이상의 가치를 지닐 수 있다는 점이다. 자서전은 작성자가 아닌, 독자나 후손들에게도 교육적인 자료로 활용될 수 있다. 작성자의 삶과 경험, 그것을 어떻게 이해하고 표현했는지를 통해 독자는 인간의 복잡한 감정과 사회적 상황, 인생의 여러 측면에 대한 더 깊은 이해를 할 수 있을 것이다.

인공지능을 활용한 자서전은 그 자체로도 가치 있는 산출물이 될 수 있지만, 그 이상의 의미를 지니기도 한다. 작성자와 독자, 사회 전체가 이러한 기술의 활용을 통해 얻을 수 있는 이점과 가능성은 아직까지도 모두가 탐구하고 있는 분야일 것이다.

분명한 것은 이러한 접근 방식이 자서전이라는 장르를 단순히 '과거를 회고하는' 수단에서 '미래를 준비하는' 도구로까지 발전시킬 수 있을 것이라는 점이다. 인공지능과 자서전이 만나게 될 경우 우리 모두가 누릴 수 있는 가장 큰 장점이자 가치일 것으로 생각한다.

인공지능을 자서전 작성에 접목시키면, 작성 과정의 효율성은 물론 다양한 표현 방법과 개인의 깊은 통찰까지 가능해진다. 이는 자서전이 단순히 개인의 이야기를 전달하는 도구를 넘어 사람들이 자신과 타인, 더 넓은 세상과의 관계를 이해하고 성장하는 데 중요한 역할을 할 수 있음을 의미한다.

인공지능을 활용한 자서전 작성은 다른 사람들과의 연결을 강화할 수 있는 장점도 있다. 일례로 작성자의 경험과 감정, 생각이 적절한 타깃 그룹에게 정확하게 전달될 수 있도록 인공지능이 분석과 매칭을 도와줄 수 있다. 작성자는 자신의 이야기가 더 많은 사람에게 의미 있는 메시지로 다가갈 가능성을 높일 수 있다.

이런 측면에서 보면 인공지능은 자서전을 단순한 자기표현 이상의 것, 즉 사회와 문화, 정치적 차원에서도 중요한 의미를 갖게 할 수 있다. 인공지능은 자서전 작성의 전 과정에서 다양한 역할을 할 수 있으며, 이는 작성자뿐만 아니라 독자와 사회 전체에게도 긍정적인 영향을 미칠 수 있다.

하지만 이 모든 가능성에는 주의가 필요하다. 인공지능이 개입하는 과정에서 작성자의 진심어린 감정이나 경험을 왜곡하거나 단순화할 위험이 있다. 또한, 데이터 보안과 프라이버시 문제도 고려해야 한다. 인공지능을 활용한 자서전 작성은 큰 잠재력을 가지고 있지만, 그 활용 방법과 한계에 대해 신중하게 고민할 필요가 있다.

인공지능의 적절한 활용과 윤리적인 고민이 뒷받침되어야만 진정한 가치를 발휘할 것이다. 특히 개인적인 정보와 감정을 다루는 만큼, 인공지능을 활용한 자서전 작성에서는 데이터 보호와 개인정보 유출 등의 위험성을 철저히 관리해야 한다. 무분별한 데이터 공유나 잘못된 분석은 작성자의 명예를 훼손할 위험성이 크기 때문이다. 따라서 이러한 기술을 도입하려면 전문가의 지도와 감독이 필요하며, 작성자 스스로도 그 기술의 작동 원리와 한계를 정확히 이해하고 있어야 할 것이다.

인공지능이 주는 여러 장점에도 불구하고, 신중한 활용이 필요하다는 점은 변함없다. 작성자의 감정이나 생각을 잘못 해석할 가능성, 또는 작성자가 의도하지 않은 방식으로 정보가 사용될 위험성 등은 충분히 고려되어야 한다. 이런 점에서 인공지능을 활용한 자서전 작성은 단순히 기술을 사용하는 것 이상의 무언가를 필요로 한다. 그것은 바로 작성자와 기술 사이의 신뢰, 작성자가 자신의 이야기를 어떻게 다룰지에 대한 명확한 가이드라인과 원칙이다.

총체적으로 보면 인공지능을 활용한 자서전 작성은 작성의 편의성을 높이고, 다양한 표현 방법을 제공하며, 더 깊은 자기 인식과 타인과의 연결을 가능하게 한다. 그러나 이러한 장점을 누리려면 기술과 윤리, 개인의 책임이 서로 조화롭게 작동해야 한다는 점을 잊어서는 안 된다. 이렇게 되면 자서전은 단순한 '나의 이야기'에서 벗어나 '우리 모두의 이야기'로 발전할 수 있을 것이다. 이것이 바로 인공지능이 자서전에 더할 수 있는 가장 큰 가치일 것이다.

인공지능이 자서전에 가미되면, 작성 과정 자체도 일종의 여정이 될 수 있다. 이 여정에서 작성자는 인공지능의 분석과 피드백을 통해 자신이 어떤 사람인지, 무엇을 중요하게 생각하는지를 더 깊게 이해할 기회를 얻을 수 있다. 이는 작성자가 자신의 삶을 돌아보고, 그 중요한 순간들을 다시 한번 체험하면서 인생의 의미나 목표를 더 명확하게 잡을 수 있도록 도와줄 것이다.

02
글쓰기의 기초

✏️ 글쓰기란, 결국 이야기 전달의 기술

　글쓰기는 마치 미술가가 캔버스에 물감을 놓는 것과 같다. 이는 단순한 문자나 문장 이상의 것을 만들어내는 과정이다. 어떤 이야기를 하려고 하는지, 어떤 감정을 전하려고 하는지, 어떤 생각을 공유하려고 하는지에 따라 그 형태와 방식은 천차만별이다. 이것은 단순히 정보를 전달하는 수단일 수도 있고, 아니면 독자의 마음과 정신을 움직이게 할 수 있는 강력한 도구가 될 수도 있다.

　이런 다양한 가능성 때문에 글쓰기는 결국 이야기 전달의 한 형태로 볼 수 있다. 그런데 글쓰기가 그냥 '이야기 전달'로 국한되지 않는다. 문학, 저널리즘, 비즈니스, 심지어는 과학까지 어느 분야에서든 그 내용과 형태를 담당하는 주체는 결국 글쓰기라는 동일한 메커니즘이다. 이를 통해 사람들은 사실을 알게 되고, 감정을 나누고, 지식을 쌓고, 새로운 아이디어나 해결책을 찾아간다.

더 나아가 글쓰기는 단순히 작성자와 독자 사이의 상호작용을 넘어 문화와 시대, 사회에까지 영향을 미친다. 좋은 글은 때로는 사람들이 세상을 바라보는 방식을 바꿀 수도 있다. 그렇게 되면 이야기 전달의 기술은 결국 역사나 문화, 심지어는 인간의 삶 자체를 바꿀 수 있는 힘을 가질 수도 있다.

그래서 글쓰기는 단순한 '기술'이라고 부르기에는 너무나도 복잡하고 다양한 영역을 아우르는 것이다. 이것은 작은 개인적인 일기에서부터 전 세계를 뒤흔드는 논문, 소설, 기사까지 모든 것을 포괄하는 '큰 미디어'라고도 할 수 있다. 그렇게 볼 때 글쓰기의 중요성과 가치는 더욱 두드러진다.

글쓰기는 심리적인 측면에서도 특별한 의미를 지닌다. 단순히 자신의 생각이나 느낌을 정리하는 과정을 통해 사람들은 자신을 더 잘 이해하게 된다. 이 과정에서 자기성찰이 일어나기도 하며, 이것이 개인의 성장과 발전으로 이어지기도 한다. 글을 통해 타인과 소통하면서 감정이나 의견을 교환하게 되고, 이러한 상호작용은 개인뿐만 아니라 사회적인 측면에서도 중요한 영향을 미친다.

글쓰기는 또한 '영속성'이라는 중요한 요소를 가진다. 일상 대화나 몸짓, 표정 같은 비언어적인 소통 수단은 그 즉시의 상황에서만 유효하고 사라지는 경향이 있다. 그러나 글은 그 형태와 내용이 오랜 시간 동안 지속될 수 있어 작성자가 원하는 메시지나 감정, 정보를 보다 정확하고 계속해 전달할 수 있다.

물론, 모든 글이 좋은 글은 아니다. 명확하지 않거나 혼란스러운 글은 때로는 오해나 갈등을 일으킬 수 있다. 이 때문에 글쓰기는 '책임'도 동반한다. 어떤 정보를 어떻게 표현할 것인지, 그것이 어떤 영향을 미칠 것인지를 신중하게 고려해야 한다.

글쓰기는 단순한 '기술'이 아니다. 이는 사람과 사람, 사회와 연결되는 다양한 측면을 가진 복잡한 활동이다. 정보의 전달은 물론, 자기성찰, 감정의 표현, 사회적 영향, 지식의 전파 등 다양한 차원에서 그 중요성과 역할이 크다. 이러한 다양한 요소가 글쓰기를 더 깊고 풍부하게 만들고 그것이 결국은 우리 인간이 세상과 소통하는 한 방법으로서 그 무게와 가치를 느끼게 한다.

글쓰기는 또한 창의성과 혁신의 원천이 될 수 있다. 새로운 아이디어나 개념을 글로 표현하면서 작성자는 그것이 현실에서 어떻게 작용할지, 또는 어떻게 개선될 수 있을지에 대해 깊게 생각하게 된다. 이는 고차원적인 사고를 요구하며, 이러한 사고 과정 자체가 종종 새로운 창조나 혁신으로 이어진다. 게다가 이러한 아이디어와 생각들은 글을 통해 다른 이들과 공유될 수 있어 그 영향력이 더욱 확대될 수 있다.

글쓰기는 또한 대화와 다르게 본인이 얼마든지 수정과 재구성을 할 수 있는 공간을 제공한다. 이 과정에서 사람들은 더 정밀한 표현을 찾아가거나 논리적인 구조를 만들어나간다. 이러한 과정은 단순히 글을 개선하는 것 이상의 의미를 가지고 실제로 생각 자체를 더욱 선명하고 명확하게 만든다.

글쓰기의 과정과 결과물은 다른 사람들에게도 큰 영향을 미칠 수 있다. 좋은 글은 독자에게 새로운 시각을 제공하거나, 몰랐던 사실을 알려주며 때로는 독자 자신의 인생에 큰 영향을 줄 수 있다. 이는 작성자 뿐만 아니라 독자에게도 글쓰기의 가치를 확인시켜주는 순간들이다.

최근에는 다양한 매체와 플랫폼이 글쓰기의 경계를 더욱 확장시키고 있다. 온라인 블로그, 소셜 미디어, 전자책 등은 글을 쓰고 공유하는 방법을 다양화시키며, 이를 통해 더 많은 사람이 글쓰기의 중요성과 가치를 느끼고 참여하게 만든다.

글쓰기는 단순한 문자를 조합하는 행위를 넘어 다양한 측면에서 그 의미와 가치를 찾을 수 있다. 글쓰기는 결국 이야기 전달의 기술이며, 그것은 우리 인간이 사회와 문화, 심지어는 자기 자신과 소통하는 가장 기본적이면서도 중요한 수단이다.

📝 장르의 바다에서 나만의 섬 찾기

글쓰기는 마치 거대한 바다와도 같다. 넓고 깊으며 그 경계는 모호하다. 이 바다에서 '나만의 섬'을 찾는 일은 작가로서의 정체성을 형성하는 중요한 과정이다. 장르는 그러한 과정에서 나침반과도 같은 역할을 하는데, 각기 다른 장르가 갖는 특성과 제약, 가능성을 이해하며 자신과 가장 잘 맞는 것을 찾아가는 것이다.

장르는 첫눈에는 단순히 틀이나 분류일 뿐이라고 생각될 수 있지만, 실제로는 그 어떤 작품이나 표현의 방식보다도 더 근본적인 의미를 지닌다. 소설은 깊이 있는 인물 분석과 복잡한 플롯을 가능하게 하는 동시에 긴 텍스트가 요구되는 반면, 시는 감정이나 이미지를 강렬하게 전달하는 데 더 유리하다. 에세이는 개인적인 시각과 깊은 사유를 중시하고, 논문은 논리적 근거와 신빙성이 요구된다. 각 장르는 그만의 언어와 문법, 작성과 읽기에 대한 기대치와 전제조건을 가진다.

이러한 장르의 다양성은 글쓰기의 가능성을 무궁무진하게 만든다. 어떤 사람은 자신의 생각과 감정을 표현하는 데 시가 가장 적합하다고 느낄 수 있고, 또 어떤 사람은 공상과학 소설을 통해 사회적 풍자나 인류의 미래에 대한 고찰을 하고 싶어한다. 장르의 경계가 모호해지고 다양한 장르가 결합되는 현대에서는 이전에는 상상도 하지 못했던 새로운 형태와 표현이 가능해진다.

다양한 장르 속에서 나만의 섬을 찾아가는 과정은 결국 작가로서의 성장과 발전에 필수적이다. 장르를 넘나들며 다양한 스킬과 표현법을 배우고, 그중에서 자신이 가장 표현하고 싶은 것, 또는 가장 잘 할 수 있는 것을 찾아내는 것이다. 이렇게 자신만의 섬을 찾고 그곳을 더욱 풍요롭게 만들어 가는 과정 속에서 글쓰기는 단순한 텍스트 이상의 가치를 지니게 된다. 그것은 작가 스스로, 물론 독자들에게도 새로운 경험과 통찰, 그리고 가치를 제공하는 무대가 된다.

나만의 섬을 찾기 위해서는 장르에 대한 깊은 이해와 그 안에서의 다양한 시도가 필요하다. 특정 장르에 국한되기보다는 다양한 장르를 탐험하면서 그 안에서 무엇이 가능한지, 무엇이 효과적인지를 배우는 것이 중요하다. 이 과정에서 실패도 있을 수 있지만, 그것은 나아갈 수 있는 새로운 길을 찾기 위한 소중한 경험으로 변모한다.

장르가 가진 제약조건들, 예를 들면 특정한 어휘나 문법, 구조 등은 실제로는 창의성을 높이는 데 도움을 준다. 이러한 '규칙'은 언어와 생각을 조직화하고, 어떻게 하면 더 효과적으로 의미를 전달할 수 있을지를 고민하게 만든다. 장르 별로 다르게 적용되는 이러한 규칙들을 알고 있으면, 작가는 그것을 응용하거나 변형해서 새로운 표현 방식이나 접근법을 개발할 수 있다.

물론 장르는 항상 유동적이다. 웹툰이나 블로그와 같이 새로운 매체가 등장함에 따라 새로운 장르와 형식도 함께 탄생한다. 따라서 작가는 시대와 트렌드, 새로운 기술에 대한 지속적인 관심과 이해도 필요하다.

장르의 다양성을 이해하고 자신에게 맞는 것을 찾아 나가는 과정은 마치 큰 바다에서 나만의 섬을 찾아가는 여정과 같다. 이 여정은 종종 어렵고 길게 느껴질 수도 있지만, 그만큼 더 많은 것을 배우고 경험하게 되며 결국에는 더 풍부한 내러티브를 만들어 낼 수 있다. 장르의 바다에서 나만의 섬을 찾는 것은 단순한 선택을 넘어서 창작의 깊이와 넓이, 본질적인 가치를 높이는 중요한 과정이라고 할 수 있다.

장르를 넘나들며 자신만의 섬을 찾는 과정은 다양한 도구와 기술을 배우게 해서 결국은 작가로서의 유연성과 다양성을 증가시킨다. 또한, 각각의 장르가 요구하는 독자와의 상호작용, 그 안에서의 의사소통 기술도 점점 더 다듬어진다. 로맨스 소설에서는 감정의 미묘한 묘사가 중요하고, 미스터리에서는 논리적인 퍼즐을 맞추는 능력이 중요하다. 이런 특성들을 알고 그에 맞게 글을 써나가면 독자와 더 강한 연결을 만들 수 있다.

또한, 장르에 국한되지 않고 다양한 형태의 작업을 해보면, 그 과정에서 자신만의 독특한 스타일이나 '색깔'을 찾을 수 있다. 이는 작가로서의 아이덴티티를 확립하는 데 큰 도움이 되며, 독자들도 그런 작가를 더 쉽게 기억하고 찾아올 것이다.

　물론, 모든 작가가 모든 장르를 마스터할 필요는 없다. 하지만 다양한 장르와 스타일을 시도해보고 그중에서 자신에게 가장 잘 맞는 것, 또는 가장 효과적으로 자신의 이야기를 전달할 수 있는 방법을 찾아내는 것이 중요하다. 그렇게 하면, 장르의 바다에서 나만의 섬을 찾는 여정은 결국 작가 스스로를 더 깊게 이해하고 성장시키는 과정이 될 것이다.

✏️ 글의 뼈대를 이루는 원칙들

글쓰기의 기본원칙은 다양하게 해석될 수 있지만, 몇 가지 중요한 원칙들은 거의 모든 형태의 글에 적용될 수 있다.

첫째, 명확성은 매우 중요하다. 작가가 전하고자 하는 메시지나 정보가 독자에게 쉽게 이해될 수 있도록 구성하는 것이다.

둘째, 일관성 또한 중요한 원칙 중 하나다. 일관된 톤, 어휘 선택, 문장 구조는 글을 읽는 독자에게 안정감을 줄 수 있고, 이로 인해 메시지 전달이 더욱 효과적이 된다.

셋째, 구성이라는 원칙이 있다. 글은 대개 서론, 본론, 결론으로 구성되며, 이러한 구성은 독자가 글의 흐름을 따라가기 쉽게 해준다.

넷째, 특정 독자층을 염두에 두고 글을 쓰는 것이 도움이 된다. 이를 통해 어휘 선택이나 문장 구조, 심지어는 전체적인 톤까지도 그 대상 독자에게 맞게 조절할 수 있다.

다섯째, 수정과 재작성은 글쓰기 과정에서 필수적이다. 초안을 작성한 뒤에는 반드시 여러 번 수정하고, 가능하다면 다른 사람에게 피드백을 받는 것이 좋다.

여섯째, 글은 독자를 위한 것이라는 원칙을 항상 기억해야 한다. 작가가 전하고자 하는 메시지가 중요하긴 하지만, 그 메시지가 독자에게 어떻게 전달될지를 고려하지 않으면 의미가 없다.

마지막으로, 자신만의 목소리를 찾고 그것을 표현하는 것도 중요하다. 이는 글쓰기의 개인적인 측면과도 연관이 있으며, 작가 자신만의 독특한 스타일과 표현 방식을 찾아낼 수 있게 해준다. 이런 기본원칙들을 지키면서 글을 작성하면, 효과적인 커뮤니케이션과 더불어 작가 본인의 성장을 도모할 수 있다.

물론, 이러한 기본원칙들은 글쓰기의 단순한 시작점일 뿐이다. 글의 종류나 형식, 목적에 따라 추가적인 원칙과 기법이 필요할 수 있다. 설득력 있는 글을 쓸 때는 논리적인 근거와 증거를 제공하는 것이 중요하며, 이야기를 쓸 때는 캐릭터 개발과 플롯 구성에 더욱 신경을 써야 한다. 그러나 어떤 종류의 글을 쓰더라도 위에서 언급한 기본원칙들은 글쓰기의 품질을 높이고, 작가와 독자 모두에게 보람을 줄 수 있는 좋은 글을 작성하는 데 도움을 줄 것이다.

이러한 원칙들은 단순히 글을 잘 쓰기 위한 것만이 아니다. 글쓰기는 생각을 정리하고, 자신을 표현하며, 다른 사람과 소통하는 방법 중 하나다. 이 원칙들을 지키는 것은 단순히 문법이나 구조적인 완성도를 높이는 것을 넘어, 더 나은 생각과 효과적인 소통을 가능케 하는 수단이 될 수 있다.

글쓰기의 기본원칙들은 단순한 규칙이나 지침을 넘어, 더 나은 생각과 소통, 인간적인 연결을 위한 중요한 도구로 볼 수 있다. 이 원칙들을 마스터하고 적용하면, 글쓰기는 단순한 '기술'을 넘어 '예술'이 될 수 있다. 글쓰기의 기본원칙은 작가뿐만 아니라 모든 사람에게 중요한 능력 중 하나로 간주되어야 한다.

글쓰기의 기본원칙은 글의 형식이나 주제에 상관없이 꾸준히 연습하고 익혀야 할 핵심 요소다. 이 원칙들을 실천하는 것은 마치 건축가가 건물을 지을 때 안정성을 확보하기 위해 필요한 구조적 원칙을 지키는 것과 유사하다. 안정적이고 탄탄한 기초 없이는 높은 건물을 지을 수 없으며, 이와 마찬가지로 이 원칙들 없이는 품질 높은 글을 쓸 수 없다.

특히 이러한 원칙들은 글쓰기에 있어서의 윤리적 측면도 무시할 수 없다. 출처를 명확히 하고, 표절을 피하며, 다른 사람의 생각과 의견을 존중하는 것은 물론, 자신의 의견을 정확하고 선명하게 전달하는 것도 중요하다. 이런 원칙들은 글이 사회적 맥락에서 어떻게 작용하는지, 글이 가지는 영향력과 책임에 대해서도 생각하게 한다.

이제 이 원칙들을 어떻게 활용할지에 대한 단계가 온다. 글쓰기를 연습하면서 이 원칙들을 하나씩 적용해보고, 수정하고, 다시 적용해보는 과정을 반복하면 글쓰기 능력은 점점 더 향상될 것이다. 물론, 모든 원칙을 한 번에 적용하는 것은 어렵다. 하지만 한두 가지씩 주의 깊게 살펴보고, 그것을 기반으로 작성하면 글의 질은 당연히 높아질 것이다.

여기서 중요한 것은, 이러한 원칙들을 단순히 지키는 것을 넘어서 이 원칙들이 '왜' 필요한지를 이해하는 것이다. 그렇게 되면 이 원칙들은 단순한 규칙에서 벗어나 내면화되어 자연스럽게 글쓰기 프로세스에 녹아든다. 그 결과 글쓰기는 단순한 기술이 아닌, 본인의 생각과 감정, 인생을 표현하는 하나의 중요한 방법으로 자리잡게 될 것이다.

🖋 문장, 단락, 구조의 이해

문장, 단락, 구조는 글쓰기의 뼈대를 이루는 세 가지 기본 요소다. 문장은 생각을 구체적으로 표현하는 최소 단위로, 명료하고 간결하면서도 표현력 있게 작성되어야 한다. 문장 하나하나가 명확하다면, 그것들이 모여 하나의 단락을 형성할 때도 자연스러운 흐름을 갖게 된다. 단락은 여러 문장이 모여 하나의 중요한 아이디어나 주제를 다루는 역할을 하며, 각 단락이 서로 연결되어 전체적인 구조를 이루게 된다.

구조는 이렇게 개별 문장과 단락들이 어떻게 배치되어 전체 이야기나 논리를 형성하는지를 결정한다. 좋은 구조는 글을 읽는 이에게 명확한 가이드라인을 제공하며, 어디로 향하고 있는지를 알려준다. 따라서 구조를 설정할 때는 전체적인 흐름을 먼저 고려하고, 그 안에서 각 단락과 문장이 어떻게 배치될지를 결정해야 한다.

문장, 단락, 구조는 이렇게 서로 긴밀하게 연결되어 있다. 하나가 흔들리면 다른 것도 영향을 받는다. 그렇기에 이 세 가지 요소를 모두 잘 다루어야만 좋은 글을 쓸 수 있다. 단순히 문장만을 고려하거나, 단락 또는 구조에만 중점을 두는 것은 글 전체의 품질을 떨어뜨릴 수 있다. 이 세 가지 요소가 서로 조화롭게 작용할 때, 글은 그 진정한 힘을 발휘한다.

물론 이 세 가지 요소가 잘 조화되었다고 해서 반드시 좋은 글이 나올 거라는 보장은 없다. 글의 질은 여러 가지 다른 요소들, 주제의 선택, 언어의 표현력, 작성자의 독창성 등에도 크게 영향을 받는다. 그러나 문장, 단락, 구조는 글쓰기의 기초라고 할 수 있으며, 이 기초 위에서 다른 더 복잡한 요소들이 빛을 발한다.

문장을 작성할 때는 주의 깊게 단어의 선택과 문법, 문장의 리듬과 흐름에 신경을 써야 한다. 단순하고 명료한 문장도 중요하지만, 때로는 복잡한 문장 구조를 사용해 표현의 다양성을 더하는 것도 필요하다. 그리고 이러한 문장들이 모여 단락을 이룰 때, 각 단락 사이의 연결고리를 명확하게 설정하는 것이 중요하다. 연결고리가 뚜렷하면 글은 자연스럽게 흐르게 되며 읽는 이가 쉽게 글의 내용을 파악할 수 있다.

단락과 구조에 대한 고민은 특히 긴 글을 작성할 때 더욱 중요하다. 구조가 잘 설정되어 있지 않으면, 글은 쉽게 흐트러지고 읽는 이는 길을 잃게 된다. 이를 피하기 위해 글을 작성하기 전에 먼저 전체적인 뼈대나 아웃라인을 그려보는 것이 도움이 될 수 있다. 이 과정에서 주제 문장, 중심 아이디어, 결론 등 글의 주요 부분을 미리 정리해 놓으면, 실제로 글을 쓸 때 각 부분이 어떻게 연결되어야 할지 명확해진다.

문장, 단락, 구조는 글의 효과를 극대화하는 도구라고 할 수 있다. 하나만 잘해도 좋은 글을 작성하는 데 도움이 되지만, 세 가지를 모두 잘 다룰 줄 아는 것이 진정한 글쓰기의 숙련된 기술이다. 이 기술을 익히는 것은 단순히 글을 더 잘 쓰기 위한 것뿐만 아니라, 생각을 더 명확하게 정리하고 다른 사람들과 더 효과적으로 의사소통하기 위한 기초적인 능력을 키우는 과정이기도 하다.

구조를 설계하고 문장과 단락을 짜 맞추는 과정은 여러분이 무엇을 전하려는지, 어떤 메시지를 중심으로 할 것인지를 더욱 명확하게 해준다. 실제로 글을 쓰는 것은 단순히 문장을 나열하는 것 이상의 의미가 있다. 그것은 여러분의 생각, 경험, 지식을 체계적으로 정리하고 타인에게 전달하는 과정이다. 이 과정에서 문장은 개별적인 생각의 단위이며, 단락은 그러한 생각들이 어떻게 연관되어 있는지를 보여주는 구성단위가 된다. 그리고 구조는 이 모든 것을 지원하며 글 전체의 흐름을 결정한다.

문장, 단락, 구조는 마치 글쓰기의 골격과 같다. 이러한 골격 없이는 글은 형태를 갖추기 어렵다. 그러나 골격만 있고 그 위에 살을 붙이지 않으면, 글은 텅 빈 것처럼 느껴진다. 따라서 이 기본적인 원칙들을 토대로 실제 내용, 즉 '살'을 붙여나가는 작업이 필요하다. 이때 중요한 것은 내용이 어떤 주제나 목적에 부합하는지, 그것이 읽는 이에게 어떤 가치를 주는지를 잘 고민해보는 것이다.

글을 쓸 때는 물론 이런 기초적인 원칙들이 중요하지만, 그것만이 모든 것은 아니다. 글쓰기는 또한 창의적인 표현의 장이기도

하다. 따라서 규칙과 원칙을 잘 지키면서도 새로운 아이디어나 표현 방식을 시도하는 것이 글을 더 흥미롭고 생동감 있게 만든다. 이런 실험적인 접근법은 여러분이 글쓰기를 통해 무엇을 얻고자 하는지, 또 어떤 방식으로 그것을 이루고자 하는지에 따라 달라질 수 있다.

문장, 단락, 구조는 글쓰기의 가장 기본적인 원칙들 가운데 일부이다. 이 원칙들을 잘 이해하고 적용할수록 글은 더 명확하고 효과적으로 의미를 전달할 수 있다. 그러나 글쓰기는 이러한 기술적인 측면 뿐만 아니라 창의적인 측면도 갖추어야 한다. 이 때문에 이러한 기초적인 원칙들은 단순한 규칙이 아니라, 여러분의 창의성을 더욱 빛나게 해주는 도구로 활용되어야 한다.

구조화된 글쓰기가 왜 중요한가?

구조화된 글쓰기는 정보를 체계적으로 전달하고, 복잡한 아이디어나 생각을 명료하게 표현하는 데 큰 도움을 준다. 구조가 잘 짜인 글은 읽는 이에게 내용을 쉽게 이해할 수 있는 기회를 제공한다. 단순히 '좋은 글'을 넘어 구조화된 글은 효과적인 커뮤니케이션을 가능케 하며, 이는 비즈니스, 학문, 일상 대화에서도 중요한 역할을 한다.

학문 논문이나 비즈니스 보고서에서는 복잡한 개념, 분석 결과, 또는 제안 사항을 명확하게 전달해야 할 필요가 있다. 이때 구조화된 글쓰기를 통해 주요 포인트를 명확히 하고, 그 주요 포인트가 어떻게 서로 연결되는지를 설명할 수 있다. 이런 방식은 정보를 빠르고 정확하게 전달할 뿐만 아니라 읽는 이가 글의 핵심을 쉽게 파악할 수 있게 해준다.

또한, 구조화된 글은 작성자 자신에게도 이점이 있다. 글의 구조를 미리 계획하거나, 글을 쓰면서 그 구조를 명확히 하게 되면, 작성자는 자신의 생각을 더 체계적으로 정리할 수 있다. 이는 문제 해결과 의사결정 과정에서도 유용하게 활용될 수 있다.

구조화된 글쓰기는 또한, 읽는 이가 글의 흐름을 자연스럽게 따라가게 해 글의 가독성을 높인다. 이는 특히 복잡하거나 긴 글에서 중요한데, 이런 경우 구조가 없는 글은 읽는 이로 하여금 쉽게 지치고 혼란스러워하게 만든다.

구조화된 글쓰기는 명료한 표현과 효과적인 커뮤니케이션을 위한 필수적인 도구이기도 하다. 의사 전달을 명확하게 하고, 읽는 이와 작성자 모두에게 시간과 노력을 절약해주며, 그 결과로 더 나은 이해와 통찰을 제공한다.

그렇다고 해서 구조화된 글쓰기가 어렵거나 지루한 것은 아니다. 오히려 구조를 미리 설정하면 글쓰기 과정 자체가 더 원활하게 진행되기도 한다. 적절한 제목과 부제목을 사용하거나 목차를 활용하면 정보를 더욱 쉽게 조직할 수 있다. 이러한 방법은 독자가 글을 스캔하면서 중요한 정보를 빠르게 파악할 수 있게 도와준다.

글의 구조가 잘 잡혀 있다면, 읽는 이는 작성자가 전달하려는 메시지나 아이디어에 더 집중할 수 있다. 구조가 잘 짜인 글은 작성자의 의도를 더 정확하고 효과적으로 전달할 수 있는 매개체가 된다. 이는 마케팅 자료, 광고, 프레젠테이션 등 다양한 매체에서도 동일하게 적용된다.

또한, 구조화된 글은 여러 작성자가 같은 주제나 프로젝트에 대해 글을 쓸 때 일관성을 유지하는 데에도 도움이 된다. 특히 협업 상황에서는 각자의 부분이 어떻게 전체 흐름과 연결되는지를 명확하게 하는 것이 중요하다. 이를 통해 작성자 간의 오해나 정보의 누락을 방지할 수 있다.

구조화된 글쓰기의 중요성은 디지털 시대에 더욱 두드러진다. 온라인에서는 정보가 넘쳐나고, 사람들은 빠르게 정보를 소비하려고 한다. 이러한 환경에서 구조화된 글은 더욱 빛을 발한다. 웹사이트나 블로그 글, 소셜 미디어 업데이트에서도 글의 구조는 사용자 경험에 큰 영향을 미친다.

구조화된 글쓰기는 작성자와 독자, 그들이 속한 다양한 맥락과 상황에 이점을 제공한다. 이는 단순한 문장과 단어의 나열을 넘어 아이디어와 정보, 감정과 논리가 효과적으로 전달되는 수단이다. 누구나 구조화된 글쓰기의 기술을 익혀 더 나은 커뮤니케이션과 표현을 위한 기반을 마련할 필요가 있다.

구조화된 글쓰기는 또한 창의성을 향상시킬 수 있는 도구로 작용한다. 일반적으로 구조와 창의성은 서로 대립하는 것처럼 여겨지기도 하지만, 실제로는 잘 구조화된 틀이 창의적인 생각을 더 자유롭게 할 수 있게 한다. 구조가 확립되면 작성자는 그 안에서 더 깊고 복잡한 아이디어를 탐색할 여유가 생긴다. 기본적인 구조에 충실하면서도 그 안에서 창의적으로 변주를 더할 수 있다는 것이다.

구조화된 글쓰기는 시간을 효율적으로 사용할 수 있게 도와준다. 어떤 주제로 글을 쓸지, 어떤 포인트를 강조할지 미리 계획한다면 글을 쓰는 데 걸리는 시간을 단축할 수 있다. 무엇보다 글의 구조를 먼저 생각하면 수정 과정에서도 큰 혼란이나 어려움을 피할 수 있다. 구조에 문제가 있다면, 아무리 좋은 문장과 단어를 사용해도 그 글은 전체적으로 조직적이지 않고 분산될 것이다.

학문적이거나 전문적인 글에서는 구조화된 글쓰기가 거의 필수적이다. 논리적인 논증을 구성하려면 증거와 주장, 그 둘을 연결하는 논리적인 흐름이 명확해야 한다. 이를 위해 서론, 본론, 결론과 같은 전통적인 구조를 따르거나, 더 복잡한 형태의 구조를 설계할 수 있다. 이렇게 하면 전문가나 학자들도 작성자의 글을 더 쉽게 이해하고 평가할 수 있다.

구조화된 글쓰기는 개인적인 글쓰기에도 중요하다. 일기나 자기계발을 위한 글에서도 명확한 구조는 자신의 생각과 감정을 더욱 명확하게 자각하는 데 도움이 된다. 자신의 경험과 생각을 체계적으로 정리하면, 그것을 통해 자기 자신을 더 잘 이해하고 성장할 수 있는 토대를 마련할 수 있다.

이처럼 구조화된 글쓰기는 다양한 장점과 유용성을 가진다. 단순히 정보를 전달하는 수단을 넘어 더 나은 이해와 효과적인 의사소통, 개인적이나 전문적인 성장을 위한 중요한 도구이다. 글쓰기 스킬을 향상시키려는 이들은 구조화된 글쓰기의 중요성을 인지하고, 그 방법을 익혀야 할 것이다.

03
자서전 작성을 위한 준비

✏️ **어떤 자료가 필요하고, 어떻게 수집할까?**

자서전을 작성할 때 필요한 자료는 다양하다. 가장 기본적인 것은 당연히 자신의 기억과 경험이다. 하지만 그 외에도 문서 자료, 인터넷 자료, 인터뷰, 현장 답사 등 다양한 방법을 통해 필요한 정보와 자료를 수집할 수 있다.

문서 자료로는 기존에 발행된 책이나 논문, 뉴스 기사, 공식 문서와 같은 것들이 있을 수 있다. 이러한 문서 자료는 특히 자서전의 배경이 되는 시대나 문화, 사건에 대한 정확한 정보를 제공할 수 있다. 문서 자료는 대학 도서관, 전자 도서관, 연구기관의 아카이브 등에서 쉽게 찾을 수 있다.

인터넷 자료도 유용한 자료를 많이 제공한다. 다만 인터넷 자료는 신뢰성이 다양하므로 신뢰할 수 있는 출처에서만 정보를 얻도록 해야 한다. 인터넷은 새로운 정보가 빠르게 업데이트되기 때문에 최신 정보를 얻을 수 있는 장점도 있다.

인터뷰는 자서전의 주인공이 될 사람뿐만 아니라 그 주변의 사람들에게도 진행할 수 있다. 가족, 친구, 동료 등 다양한 사람들의 입장과 시각을 들을 수 있어 더 다양하고 풍부한 내용을 담을 수 있다. 인터뷰할 때는 녹음도 함께 해 나중에 다시 확인할 수 있도록 하는 것이 좋다.

현장 답사는 특히 자서전이 특정 장소나 사건에 크게 연관된 경우 유용하다. 직접 그곳을 방문해 보면 물리적인 공간뿐만 아니라 그곳의 분위기, 냄새, 소리 등을 경험할 수 있어 글에 더 생동감을 불어넣을 수 있다. 자신의 어린 시절을 다룬다면 그때 살던 집이나 학교, 마을을 다시 방문해 보는 것이 유익할 수 있다.

이 외에도 사진, 일기, 편지 등 개인적인 자료도 자서전 작성에 큰 도움이 될 수 있다. 이러한 자료들은 주로 가족이 보관하고 있을 가능성이 크기 때문에 가족들에게도 자료를 부탁해 볼 수 있다.

자서전 작성을 위한 자료 수집은 계획적이고 체계적으로 이루어져야 한다. 무엇보다 중요한 것은 다양한 종류의 자료를 확보해 그중에서 가장 유용하고 의미 있는 정보를 선별하는 능력이다.

계획적인 자료 수집을 위해서는 먼저 어떤 주제나 테마에 초점을 맞출지 결정하는 것이 중요하다. 그렇게 결정된 주제나 테마에 따라 필요한 자료의 유형이 달라질 수 있으므로, 이를 명확히 하고 차근차근 진행하는 것이 효과적이다.

수집한 자료를 어떻게 관리할지도 중요한 문제다. 무작정 자료를 모으다 보면 나중에 필요한 정보를 찾기 힘들 수 있다. 따라서 수집한 자료는 카테고리나 키워드별로 정리하고, 필요할 때 쉽게 찾을 수 있도록 관리해야 한다. 이를 위해 디지털 도구를 활용할 수도 있고, 전통적인 방식의 파일이나 폴더를 사용할 수도 있다.

수집한 자료를 토대로 실제로 글을 작성할 때는 그 자료들을 어떻게 효과적으로 활용할지를 고민해야 한다. 각각의 자료가 글에서 어떤 역할을 할 것인지, 어떻게 구성을 잡을 것인지를 미리 생각해보는 것이 좋다. 이렇게 하면 자료를 더 깊이 이해하고, 그에 따라 더 풍부하고 다층적인 내용의 자서전을 작성할 수 있다.

자료 수집은 자서전 작성의 한 과정일 뿐이지만, 결코 가볍게 여길 부분이 아니다. 오히려 이 과정을 통해 자서전이라는 산물이 어떤 방향으로 흐를 것인지, 어떤 메시지를 전달할 것인지에 대한 기초를 다지게 된다. 시간과 노력을 들여 체계적으로 자료를 수집하고 정리하는 것은 결코 시간 낭비가 아니라, 더 나은 작품을 만들기 위한 투자라고 할 수 있다.

자료 수집은 크고 작은 여러 조각을 모으는 과정이라고 할 수 있다. 이 조각들은 단순한 정보를 넘어 작품을 풍부하고 다층적으로 만들어주는 재료가 된다. 이 때문에 작가는 자료 수집 과정에서 얻은 각각의 조각이 어떻게 자신의 이야기와 연결되는지, 어떻게 그 이야기를 더욱 빛나게 할 수 있는지를 고민해야 한다.

모든 과정을 거쳐 축적된 자료와 정보, 경험은 결국 자서전 작성의 근간이 된다. 이러한 근간 위에서 작가는 자신만의 독특한 목소리와 표현으로 이야기를 빚어낼 수 있다. 자료 수집은 이러한 창작 과정의 시작일 뿐이며, 그 끝은 작가가 어떻게 그 수집한 자료를 활용해 의미 있는 이야기를 만들어 가는지에 달려 있다.

🖎 에피소드와 사진, 그리고 문서

에피소드는 단순히 사건이나 상황을 나열하는 것 이상의 의미와 가치를 갖는다. 이는 글이나 이야기에 인간적인 요소와 감정을 더해주며, 독자나 청중에게 보다 깊은 이해와 공감을 일으키는 역할을 한다. 사실적인 정보나 날것의 데이터만으로는 힘들게 느껴지는 감동이나 깊은 통찰을 에피소드가 가능하게 만든다.

사진도 마찬가지로 그런 역할을 할 수 있다. 한 장의 사진은 긴 글로 표현하기 힘든 감정이나 상황을 담을 수 있어서 에피소드와 함께 사용될 때 강력한 시너지를 낼 수 있다. 사진은 순간을 고정시키는 특성상 그 순간의 에너지와 감정, 상황을 더욱 생생하게 전달한다.

나만의 시간여행이라는 주제를 다룰 때 에피소드와 사진은 특히 중요하다. 인생의 다양한 순간과 회상을 에피소드로 담아내고, 그것을 사진으로 보충하면, 이는 마치 시간을 넘나들 수 있는 시간여행과도 같은 경험을 독자에게 선사할 수 있다. 이러한 방식은 글을 단순히 읽는 행위를 넘어 경험과 생생한 기억으로 남게 만든다.

에피소드와 사진은 또한 스토리텔링에 깊이를 추가하고, 독자나 청중에게 글이나 이야기의 복잡한 측면을 더 쉽게 이해할 수 있도록 도와준다. 예를 들어, 어려운 주제나 복잡한 사건을 설명할 때 단순한 사실 전달만으로는 독자의 관심을 유지하기 어렵다. 그러나 이를 에피소드와 사진으로 보충하면, 독자는 쉽게 이해할 수 있을 뿐만 아니라, 주제에 대한 깊은 이해와 관심을 가질 수 있다.

나만의 시간여행이라는 개념은 에피소드와 사진을 통해 자신의 과거, 현재, 미래를 재조명하는 데 유용하다. 과거의 사진과 에피소드를 통해 어떻게 성장했는지, 현재는 어떤 상황에 있는지, 미래에는 어떤 목표와 꿈을 이루고 싶은지를 명확하게 할 수 있다. 이러한 점에서 에피소드와 사진은 개인적인 레벨에서나 조직적인 레벨에서나 매우 중요한 요소가 될 수 있다.

글을 작성할 때는 단순히 사실과 정보 전달에만 집중하지 않고, 에피소드와 사진 등을 활용해 감정적인 면도 함께 전달하는 것이 중요하다. 이를 통해 글은 단순한 정보의 나열을 넘어서 감동과 영감을 주는 작품이 될 수 있다.

에피소드와 사진은 또한 문서나 기사, 심지어는 학술 논문에서도 자주 활용된다. 그 이유는 이러한 요소들이 본문 내용을 훨씬 더 구체적이고 이해하기 쉽게 만들어주기 때문이다. 특히 사진은 본문의 내용을 한눈에 파악할 수 있게 도와주며, 더 나아가 본문의 신뢰성을 높여준다.

나만의 시간여행 개념을 활용하면, 독자에게 주는 인상이나 메시지가 더욱 강화된다. 과거에서부터 현재, 그리고 미래까지 다양한 시간 축을 통해 복잡한 이슈나 주제를 쉽게 설명할 수 있다. 독자는 이를 통해 글쓴이가 전하고자 하는 메시지나 주제에 대해 더 깊은 이해를 하게 될 것이다.

에피소드의 경우 실제 사례나 경험을 통해 일어난 사건을 재구성해 독자가 쉽게 공감하거나 이해할 수 있도록 도와준다. 이는 특히 설득력이 필요한 글이나 발표에서 매우 유용하다.

에피소드와 사진, 나만의 시간여행은 글이나 이야기가 단순한 텍스트 이상의 것, 즉 생동감 있는 '체험'으로 느껴지게 만든다. 이러한 요소들을 적절히 활용하면, 단순히 정보를 전달하는 것을 넘어서 독자나 청중에게 강한 인상과 메시지를 남길 수 있다. 이는 어떤 글쓰기에서든 중요한 목표 중 하나이며, 이를 통해 글의 품질과 영향력을 높일 수 있다.

사진은 특히나 감정의 전달에 효과적이다. 단순한 텍스트로는 표현하기 어려운 미묘한 감정이나 분위기, 장소의 아름다움이나 인물의 표정 등을 사진으로 표현하면 독자는 나의 이야기에 더 깊이 몰입할 수 있다. 가족과 함께한 행복한 순간을 설명하기 위해 긴 단락을 쓰는 대신, 그 순간을 담은 사진 하나가 그 어떤 글보다 더 강한 메시지를 전달할 수 있다.

문서도 이야기나 글의 본문을 보완하는 강력한 도구다. 사진은 눈에 보이는 증거로, 본문의 내용을 더욱 구체적이고 객관적으로 보여주며 독자의 이해를 도와준다. 문서도 마찬가지로 글의 신뢰성을 높여주며, 복잡한 내용을 더 쉽게 전달할 수 있다.

문서에는 단순히 정보 전달의 도구 이상의 가치를 가진다. 과거의 중요한 순간이나 사건, 심지어는 본인의 개인적인 이야기나 경험까지 담겨 있다. 이러한 내용은 내가 전하고자 하는 메시지나 주제에 대한 더 깊은 이해를 제공하며, 독자에게 강한 인상을 남긴다.

나의 개인적인 이야기나 역사를 표현하는 데 있어 이러한 요소들은 무척 중요하다. 가령, 어린 시절의 문서를 통해 나의 성장과정을 보여줄 수 있으며, 중요한 사건이나 경험에 대한 문서나 기록을 통해 그 시기의 중요성을 강조할 수 있다.

나만의 역사를 어떻게 담을 것인가에 대한 질문은, 문서를 어떻게 활용한 것인가에 대한 고민으로 이어진다. 가장 중요한 것은 이러한 요소들이 나의 이야기와 어떻게 연결되는지를 명확하게 하는 것이다. 단순히 문서를 첨부하는 것이 아니라, 이들이 글의 흐름과 어떻게 맞물리는지를 고려해야 한다.

이렇게 하면, 문서는 단순한 부록이 아닌 글의 중요한 요소로 작용할 수 있다. 이는 내 글이 단순한 정보 전달을 넘어 독자에게 '체험'을 제공하게 만들어 그 품질과 영향력을 높일 수 있을 것이다.

이 모든 것을 실현하기 위해서는 문서의 선택과 배치, 설명에 있어서도 신중해야 한다. 어떤 문서가 이야기의 어느 부분과 연결되는지, 이것이 어떻게 독자의 이해나 감정과 관계가 있는지를 고려하면서 계획해야 한다.

문서의 경우, 이는 주로 사실성을 높이고 논리적 근거를 제공하는 데 사용된다. 내가 회사에서 어떤 프로젝트를 성공적으로 수행했다면, 그 결과를 보여주는 보고서나 이메일, 혹은 그 외 문서들을 활용할 수 있다. 이러한 문서들은 나의 주장이나 이야기에 무게를 더해준다.

이렇게 에피소드와 사진, 문서를 통해 본문의 내용을 보완하고, 독자에게 더 풍부한 경험을 제공함으로써 나의 글은 단순한 문자의 나열을 넘어 '이야기'가 되고, 그 '이야기'는 나의 개인적이거나 사회적 역사의 일부가 된다. 이는 내가 전하고자 하는 메시지를 더 강력하게 만들어 글이 단순히 읽히는 것을 넘어 '기억'되게 만든다.

이런 과정을 통해 내 글은 단순한 정보 전달의 수단을 넘어서 사람들에게 더 깊은 의미나 감정을 전달할 수 있다. 독자는 내 경험을 통해 새로운 시각이나 통찰을 얻기도 하고, 때로는 본인의 일상에서 유용하게 활용하기도 한다. 이런 데에서 진정한 글쓰기의 가치가 있다고 할 수 있다.

이렇게 에피소드가 담긴 본문과 사진, 문서가 조화롭게 어우러진 글은 자연스럽게 공유되거나 사람들 사이에서 이야기의 주제가 된다. 이는 내 글이 더 넓은 범위에 영향을 미치고, 더 많은 사람들에게 다양한 형태로 도움을 주게 만든다.

물론, 이렇게 하려면 상당한 시간과 노력, 계획이 필요하다. 그러나 그만한 가치가 있는 작업이며, 결국은 내 이야기를 더욱 빛나게 만들어준다. 이렇게 준비와 실행, 검토의 과정을 거쳐 완성된 내 글은 본인은 물론 독자들에게도 오랫동안 기억될 것이다.

🖍 모은 것들을 어떻게 효율적으로 사용할까?

수집한 자료를 효율적으로 사용하기 위해서는 몇 가지 전략을 적용할 수 있다. 먼저 모든 자료를 한 곳에 모아 놓는 것이 좋다. 이렇게 하면 필요할 때 쉽게 찾을 수 있고, 어떤 자료가 누락되었는지 확인하는 것도 쉽다. 클라우드 저장소나 외장 하드 드라이브, 또는 특별한 문서 관리 프로그램을 사용할 수 있다.

다음으로 자료를 카테고리나 주제별로 분류한다. 이 작업을 통해 글을 작성할 때 필요한 정보를 빠르게 찾을 수 있다. 분류된 자료는 머릿속의 아이디어와 어떻게 연결될 수 있는지도 더 쉽게 파악할 수 있다.

분류가 끝나면, 어떤 자료가 어떤 부분에 쓰일 것인지 대략적인 계획을 세운다. 이 계획은 글의 흐름을 만들어 가면서도 지속적으로 업데이트할 수 있다. 자료가 많을 경우 이들 중 어떤 것이 글에 반드시 들어가야 하는지, 어떤 것은 선택적인지를 판단한다.

작성 과정에서는 자료를 적극적으로 활용하되, 자료만이 주는 정보나 감정이 아니라 나의 해석과 견해, 개인적인 경험도 함께 녹여낸다. 이렇게 하면 나만의 독특한 목소리가 드러나고, 글이 더 흥미롭고 깊이 있게 느껴진다.

작성이 끝난 후에는 사용한 모든 외부 자료의 출처를 철저히 표기한다. 이는 글의 신뢰성을 높이고, 저작권 문제를 예방한다.

이러한 방식으로 수집한 자료를 체계적이고 효율적으로 활용하면, 글쓰기 과정이 더 수월해질 뿐만 아니라 최종적으로 완성되는 작품도 풍부하고 균형 잡힌 것이 될 것이다.

자료를 효율적으로 활용한 후에는 그 다음 단계로 넘어가는 것이 중요하다. 글이 완성되면 반드시 다시 읽어보고, 문맥에 맞는지, 논리적인 흐름이 있는지 확인한다. 이 과정에서 필요하다면 자료를 추가하거나 빼는 수정 작업을 할 수 있다.

모든 과정이 끝나고 나면 이번 작업에서 어떤 자료가 유용했는지, 어떤 것은 활용되지 않았는지를 되돌아보는 것이 좋다. 이를 통해 다음번 글쓰기 작업에서 더 효율적인 자료 수집과 활용 방법을 찾을 수 있다.

자료의 수집부터 활용, 최종 작품까지의 전 과정에서 계속해서 자신의 방법을 점검하고 개선해 나가는 것이 중요하다. 이렇게 하면 시간이 지날수록 더 능숙하고 효율적인 글쓰기가 가능해질 것이다.

글쓰기는 단순히 문장을 연결하는 행위가 아니라 계획, 수집, 구성, 작성, 수정, 피드백, 활용 등 여러 단계를 거치는 복잡한 과정이다. 이 각각의 단계에서 효율적인 방법과 도구를 활용하면 더 나은 결과물을 만들 수 있을 것이다.

잠깐! 글 쓰기 전에 주의해야 할 것들

자서전 작성을 효과적으로 하기 위해서는 여러 가지 팁과 노하우가 필요하다.

먼저, 자서전을 작성하기 전에는 명확한 목적과 목표를 설정해야 한다. 이를 통해 작성 내용의 방향성을 정하고, 필요한 정보나 자료를 미리 준비할 수 있다.

다음으로, 구조를 미리 계획하자. 단락을 어떻게 구성할지, 어떤 주제를 어떤 순서로 다룰지 미리 생각하면 글쓰기가 훨씬 수월해진다. 특히 복잡하거나 긴 글을 쓸 때는 이러한 계획이 매우 중요하다.

문장은 가능한 간결하게 작성하자. 복잡하거나 어려운 단어와 문장은 독자에게 부담을 줄 수 있으므로, 중요한 포인트를 명확하게 전달할 수 있는 간결한 문장을 사용하는 것이 좋다.

외부 자료나 정보를 사용할 경우, 반드시 출처를 명확하게 표기해야 한다. 이는 저작권 문제를 피하고, 글의 신뢰성을 높이는 데 중요하다.

글을 작성하는 스타일도 중요한데, 내러티브 방식이나 스토리텔링을 활용하면 글이 더욱 흥미롭고 직관적으로 다가갈 수 있다. 이렇게 하면 독자는 글을 더 집중해서 읽을 가능성이 높아진다.

이 모든 팁과 노하우를 적용하더라도, 최종적으로는 반복과 연습을 통해 자신만의 스타일과 노하우를 개발해야 한다. 계속해서 글을 쓰고, 다양한 방법을 시도해보면서 어떤 방법이 가장 효과적인지를 찾아내는 것이 중요하다.

여기까지의 팁들은 작성 과정에서 주목해야 할 주요한 부분이지만, 이를 넘어서는 여러 가지 추가적인 고려사항들도 있다. 문서나 사진 같은 비텍스트 자료들을 어떻게 효과적으로 사용할지도 중요하다. 이러한 자료들은 글의 본문을 보완하고, 풍부한 컨텍스트를 제공해 독자에게 더 깊은 이해를 도울 수 있다.

작성한 이야기를 세상에 내놓기 위해 출판을 고려한다면, 출판 형태부터 심화적인 고려사항까지 잘 정리해야 한다. 전자책이나 인쇄 출판, 블로그 포스팅 등 다양한 형태의 출판 방식을 미리 알아보고, 자신의 작품에 가장 적합한 방식을 선택하는 것이 중요하다.

출판 후에는 관리와 피드백을 잘 받아야 한다. 독자들의 반응을 신중하게 분석하고, 필요하다면 추가 개정이나 수정을 할 수 있는 유연성을 가져야 한다.

이런 모든 과정에서 실수하지 말아야 할 함정들이 있다. 저작권 문제, 오해의 소지가 있는 표현, 또는 너무 복잡하게만 문장을 구성하는 것 등은 피해야 할 주의사항들이다.

인공지능과 상호작용을 할 때도 유의해야 할 점이 있는데, 가장 중요한 것은 신뢰성과 데이터 보안이다. 인공지능은 강력한 도구일 수 있지만, 그만큼 잘못 사용하면 큰 문제를 야기할 수도 있다.

이 모든 작성 팁과 노하우는 경험을 통해 끊임없이 갱신되고 발전해야 한다. 작성은 단순한 행위보다는 계속해서 배우고, 노력하고, 개선해 나가는 과정이다.

작성의 마지막 단계로 나만의 이야기를 어떻게 홍보할지에 대해 생각해야 한다. 보도자료를 작성하거나, SNS와 블로그 등 다양한 플랫폼에서 도서나 글을 소개할 수 있다. 이런 홍보 활동은 단순히 자신의 작품을 알리는 것 이상의 의미가 있다. 그것은 독자와의 연결고리를 만들고, 작품이 가져올 다양한 피드백과 반응을 빠르게 확인할 수 있는 좋은 방법이다.

출판된 작품의 후속 관리도 중요한 단계다. 작품이 출판되면 이제 그것은 자신만의 것이 아니라, 독자와 시장의 일부가 된다. 그렇기 때문에 독자의 피드백을 주의 깊게 듣고, 필요하다면 작품을 업데이트하거나 개선하는 작업도 계속해서 해나가야 한다.

이처럼 작성은 한 번의 일이 아니라, 지속적인 과정이다. 그 과정에서 지켜야 할 원칙들, 피해야 할 함정들, 도움이 될만한 다양한 노하우가 있지만, 결국 가장 중요한 것은 지속적인 노력과 열정이다. 작성은 단순히 '완성'되는 것이 아니라, 지속적으로 '진화'하는 과정이다. 그러므로 성실한 노력과 지속적인 관심을 통해 더 나은 작성자가 되어 나가는 것이 중요하다.

실수하지 말아야 할 함정들과 그에 대비한 고려사항은 다음과 같다.

명확한 목적 부재: 글을 쓸 때는 항상 명확한 목적이 있어야 한다. 목적이 모호하면, 글의 방향성도 모호해지고 최종 결과물이 흐트러질 수 있다. 따라서 글을 쓰기 전에 어떤 메시지를 전달하려는지, 누구를 대상으로 하는지 명확히 해야한다.

대상 독자 무시: 대상 독자를 명확히 하지 않으면, 그에 맞는 언어나 톤을 사용하지 못해 불필요한 오해나 혼란을 야기할 수 있다. 대상 독자에 맞는 언어와 접근법을 사용해야 한다.

허술한 구조와 흐름: 글의 구조나 흐름이 불분명하면 독자는 내용을 제대로 이해하지 못한다. 글의 논리적인 흐름을 미리 계획하고, 그에 따라 작성해야 한다.

출처 미표기: 외부 자료나 정보를 사용할 때는 반드시 출처를 표기해야 한다. 출처를 표기하지 않으면 저작권 문제가 생길 뿐만 아니라, 글의 신뢰성도 떨어진다.

문장과 단어의 남용: 문장이 너무 길거나 어려운 단어를 남용하면, 독자는 글을 이해하기 어렵다. 문장은 간결하고 명확하게, 필요한 정보만을 담아야 한다.

과장과 거짓 정보: 신뢰성을 위해 과장이나 거짓 정보는 반드

시 피해야 한다. 일시적으로 독자의 관심을 끌 수 있어도, 장기적으로는 글의 신뢰성을 저하시킨다.

수정과 교정의 부재: 글을 한 번 쓴다고 끝이 아니다. 여러 번의 수정과 교정 과정을 거쳐야만 완성도 높은 글을 작성할 수 있다.

준비물은 명확한 계획, 대상 독자 분석, 신뢰할 수 있는 자료와 출처, 충분한 시간과 노력이 필요하다. 이러한 준비 과정을 통해 위에서 언급한 함정들을 피할 수 있다.

인공지능과 상호작용할 때는 여러 가지를 고려해야 한다. 먼저, 인공지능은 개인정보나 민감한 데이터를 보호하진 못하니 이런 정보는 공유하지 않는 것이 좋다. 인공지능은 특정 시점까지의 정보로만 학습되어 있으므로 최신 정보나 트렌드를 반영하지 못할 수 있다. 복잡한 문맥이나 뉘앙스를 완전히 이해하지 못하기 때문에 중요한 결정을 내릴 때는 인공지능의 답변에 너무 의존하지 않는 것이 좋다.

또한, 인공지능의 답변이 잘못 해석되거나 오해를 불러일으킬 수도 있으니 답변을 신중하게 해석해야 한다. 인공지능은 계속해서 발전하는 기술이기에 잘못된 정보나 오류를 발견하면 피드백을 제공해야 한다. 인공지능의 조언을 따를 때 발생할 수 있는 법적 책임은 대부분 사용자에게 있으므로 이 점도 유의해야 한다. 인공지능을 이용하는 과정에서는 기본적인 대화 에티켓을 지키는 것도 중요하다.

또한, 인공지능과의 상호작용 중에 사용자 인증을 요구하는 경우가 있을 수 있다. 이런 경우에는 해당 서비스의 보안 정책을 확인한 후 신뢰할 수 있는 경우에만 인증을 진행하는 것이 바람직하다. 이러한 점들을 유념하면 인공지능과의 상호작용을 더 효율적이고 안전하게 할 수 있다.

작성 중에 주의해야 할 몇 가지 사항과 조언을 공유하면 다음과 같다.

우선 구조를 미리 계획하라

작성하기 전에 구조를 미리 계획하는 것은 중요하다. 글의 목적, 주요 아이디어, 어떻게 표현할지에 대한 간단한 개요를 만들어보는 것이 도움이 된다. 구조를 미리 계획하는 것은 글쓰기 과정에서 매우 중요한 단계다. 구조 없이 쓴다면 글은 빠르게 혼란스럽고 목적이 불명확해질 수 있다. 여기에는 몇 가지 주요 요소가 있다.

목적과 목표 설정: 먼저 글을 쓰는 목적과 목표를 명확히 해야 한다. 이것이 무엇을 전달하려고 하는지, 누구에게 전달하려고 하는지 알아야 적절한 구조를 선택할 수 있다.

개요 작성: 간단한 개요나 목차를 미리 작성해 보는 것은 유용하다. 이 개요는 글의 주요 섹션과 하위 섹션, 각 섹션에서 다루어야 할 주요 내용을 나열해 둘 것이다.

논리적 흐름 확인: 개요를 작성한 뒤, 각 섹션과 하위 섹션이 논리적으로 연결되는지 확인해야 한다. 어떤 정보가 먼저 오고, 어떤 정보가 나중에 와야 하는지 순서를 잘 고려하라.

중요 정보의 위치: 독자의 주의를 끌기 위해 중요한 정보는 글의 앞부분에 위치시키는 것이 좋다. 반대로, 부가적인 정보나 배경 설명은 중간이나 뒷부분에 둘 수 있다.

문단 구성: 각 문단은 하나의 아이디어나 주제를 다루어야 한다. 문단 내에서도 주제 문장, 설명, 예시 등을 활용해 논리적으로 구성하라.

리뷰와 수정: 구조를 계획한 후에는 반드시 리뷰와 수정 과정을 거쳐야 한다. 계획한 구조가 실제로 효과적인지, 글의 목적과 독자의 필요에 부합하는지 점검하라.

읽기 테스트: 가능하다면 외부의 몇몇 독자에게 읽어보게 해서 피드백을 받는 것도 좋다. 이를 통해 미처 발견하지 못한 구조적 문제나 논리적 불일치를 발견할 수 있다.

이렇게 구조를 미리 계획하고 점검하는 과정을 거치면, 글은 훨씬 명확하고 효과적으로 정보를 전달할 수 있을 것이다.

다음으로 목적을 명확히 할 필요가 있다.

글을 쓰는 목적을 명확히 알고 있어야 한다. 이것은 독자가 어떤 정보나 지식, 또는 무엇을 얻어가야 하는지 결정하는 데 중요하다.

목적을 명확히 하라는 말은 단순히 글을 쓸 때 '무엇을 쓸 것인가'보다 더 깊은 의미가 있다. 이것은 '그것을 왜 쓰는가', '누구를 위해 쓰는가', '어떤 효과를 기대하는가'에 대한 근본적인 질문들을 포함한다. 목적을 명확히 하는 것은 글쓰기의 핵심 과정 중 하나이며, 여러 이유로 중요하다.

효율성: 명확한 목적은 작성 과정을 효율적으로 만든다. 무엇을 얻고자 하는지 알면 그에 따라 적절한 정보와 아이디어를 선택할 수 있다. 이는 불필요한 내용을 쓰는 시간을 줄이고, 중점을 둘 부분에 더 집중할 수 있게 한다.

읽기 쉬움: 목적이 명확할 경우, 글의 구조나 흐름도 자연스럽게 명확해진다. 이로 인해 독자는 글을 읽기 쉽고, 본문을 통해 얻고자 하는 정보나 메시지를 더 쉽게 이해할 수 있다.

독자와의 연결: 글의 목적을 알고 있으면, 그 목적에 맞는 독자층을 더 정확하게 파악할 수 있다. 이를 통해 독자가 관심을 가질 만한 내용을 제공하고, 그로 인해 독자와 더 강한 연결을 형성할 수 있다.

목적에 따른 언어와 톤 조절: 목적에 따라 글의 언어와 톤을 조절할 수 있다. 학술 논문의 목적은 일반적으로 정보를 정확하고 객관적으로 전달하는 것이므로 공식적인 언어와 톤을 사용한다. 반면, 블로그 글이나 소설은 독자와 감정적으로 연결을 형성하는 것이 목적일 수 있으므로 더 자유로운 언어와 톤을 사용할 수 있다.

효과적인 결론: 글을 쓸 때 명확한 목적이 있다면 그 목적에 부합하는 결론을 쓸 수 있다. 이는 독자가 글을 읽은 후 어떤 행동을 취해야 할지, 또는 어떤 생각을 해야 할지를 명확히 안내해 줄 수 있다.

재수정과 피드백: 명확한 목적을 설정한 글은 나중에 수정하거나 다른 사람들의 피드백을 받을 때도 유용하다. 목적과 내용이 일치하지 않는 부분이 있는지, 목적을 더 잘 달성할 방법은 없는지 등을 쉽게 확인하고 수정할 수 있다.

만족감과 성취감: 명확한 목적을 달성했을 때의 만족감과 성취감은 글쓰기를 계속하는 데 있어 중요한 동기부여가 된다.

긴 글을 쓸 때는 단락과 서브헤더를 적절히 사용해 내용을 구분하고, 독자가 원하는 정보를 쉽게 찾을 수 있도록 하는 것도 중요하다.

단락은 가독성을 향상시킬 수 있다. 긴 글은 많은 정보와 아이디어를 담고 있어 독자에게 정보의 양이 부담스러울 수 있다. 단락으로 내용을 구분하면 독자는 글을 훨씬 쉽게 소화할 수 있다.

주제별로 구분하는 것도 필요하다. 각 단락은 하나의 주제나 아이디어에 집중해야 한다. 이렇게 하면 독자가 여러 주제와 아이디어를 분리하여 이해할 수 있다.

단락은 글의 리듬과 흐름에도 영향을 미친다. 짧은 단락은 빠른 템포와 긴장감을 생성할 수 있고, 긴 단락은 더 복잡한 내용이나 상세한 설명에 적합하다.

서브헤더의 역할도 중요하다.

서브헤더는 정보의 계층 구조를 명확하게 할 수 있다. 이를 통해 독자는 글의 주요 주제와 하위 주제를 빠르게 파악할 수 있다. 많은 독자들은 긴 글을 처음부터 끝까지 읽지 않고 중요한 부분만 빠르게 스캔한다. 서브헤더가 있으면 이런 독자들도 원하는 정보를 쉽게 찾을 수 있다. 온라인 콘텐츠의 경우 서브헤더는 검색 엔진이 글의 주제를 이해하는 데 도움을 준다. 이는 검색 결과에 더 높은 순위를 얻을 수 있는 좋은 방법이다.

단락과 서브헤더의 적절한 사용 방법도 좋다.

글을 쓰기 전에 개요를 작성하고, 이를 기반으로 서브헤더를 설정한다. 하나의 서브헤더 아래에는 여러 개의 단락이 올 수 있다. 각 단락은 서브헤더의 주제를 다른 각도에서 다루거나, 여러 하위 주제로 나눌 수 있다. 서브헤더는 간결하면서도 내용을 명확히 전달할 수 있는 표현을 사용한다. 각 단락의 첫 문장은 그 단락의 주요 아이디어를 요약하는 것이 좋다. 이를 통해 독자가 단락의 내용을 미리 예측할 수 있다. 단락 내의 문장 길이와 구조도 다양화하는 것이 좋다. 이렇게 하면 글이 단조롭게 느껴지지 않고 독자의 관심을 유지할 수 있다.

이러한 방법을 통해 단락과 서브헤더를 적절히 사용하면, 긴 글도 가독성 있고 효과적인 커뮤니케이션 도구로 만들 수 있다.

문장은 가능한 간결하게 작성하는 것이 좋다. 복잡하거나 어려운 단어는 되도록 피하고, 포인트를 명확히 전달하는 것이 중요하다. 간결한 문장은 정보나 의도를 명확하게 전달할 수 있다. 복잡하거나 긴 문장은 독자가 중요한 포인트를 놓칠 가능성이 높다. 또한, 짧고 간결한 문장은 독자의 집중을 유지하는 데 도움이 된다. 긴 문장은 독자가 중간에 지치거나 관심을 잃을 수 있다. 간결한 문장은 빠르게 읽고 이해할 수 있어 독자에게 시간을 절약하게 해준다.

문장 간결성을 위한 구체적인 방법은 주어와 동사의 위치가 중요하다. 문장 내에서 주어와 동사는 가급적이면 가까운 곳에 위치시켜야 한다. 이를 통해 독자가 문장의 주된 행위자와 행동을 빠르게 파악할 수 있다. 특별한 이유가 없다면, 복잡하거나 어려운 단어와 문구는 피하는 것이 좋다. 일반적이고 간단한 단어로도 충분히 의미를 전달할 수 있기 때문이다.

문장에서 중요하지 않은 정보나 설명은 생략하는 것이 좋다. 이러한 정보는 문장을 길게 만들고, 독자가 중심 아이디어에 집중하기 어렵게 한다. 하나의 문장에 여러 아이디어나 정보가 들어 있다면, 여러 개의 문장으로 분리할 수 있다. 각 문장은 하나의 중요한 아이디어나 정보에만 집중해야 한다. 문장을 작성한 후에는 간결성을 위해 다시 한번 검토하는 것이 좋다. 간결한 문장은 작성자의 의도를 명확하게 전달하고, 독자가 내용을 쉽게 이해할 수 있게 만든다. 문장 간결성은 효과적인 글쓰기의 중요한 원칙 중 하나다.

반복을 피하는 것도 좋다. 같은 정보나 아이디어를 반복적으로 제시하는 것은 독자에게 지루함을 줄 수 있다. 필요한 정보는 한 번만 충분히 설명하라. 정보나 아이디어의 반복은 독자가 관심을 잃을 수 있다. 신선한 정보와 다양한 접근 방식이 독자의 관심을 더 오래 유지할 것이다. 중복되는 정보는 글의 전체 길이를 불필요하게 늘리며, 독자에게는 읽는 시간도 낭비되게 만든다. 반복적으로 같은 포인트를 강조하면, 중요한 다른 정보나 메시지가 묻힐 수 있다. 이는 글 전체의 명확성과 효과를 저하시킨다.

반복 피하기를 위한 구체적인 방법으로서는 먼저 개요 작성을 하는 것이다. 글을 작성하기 전에 개요를 만들어 주요 포인트와 하위 포인트를 명확히 한다. 이렇게 하면 글을 작성하는 동안 불필요한 반복을 피할 수 있다. 또 키워드나 주제를 추적한다. 작성 과정에서 같은 키워드나 주제가 반복적으로 나타나는지 주의 깊게 살펴보고, 이런 반복이 발견되면 다양한 표현이나 다른 정보를 추가하도록 노력할 필요가 있다.

반복을 피하면 글이 더 효과적이고 흥미롭게 작성될 수 있다. 이는 독자에게 더 나은 읽기 경험을 제공하며, 글의 목적과 메시지를 더 명확하게 전달할 수 있다.

작성한 내용은 반드시 문법과 오타 체크를 해야 한다. 이는 글의 전문성과 신뢰성을 높이는 데 중요하다.

외부 자료는 명확히 인용해야 한다. 외부 자료나 정보를 사용할 때는 반드시 출처를 명확히 표시하라. 이는 저작권 문제를 피하고, 글의 신뢰성을 높이는 데 중요하다. 출처를 명확히 밝히면, 내 글이 검증 가능하고 신뢰할 수 있는 정보를 바탕으로 하고 있다는 것을 독자에게 보여준다.

외부 자료를 인용할 때 단어나 문장을 그대로 사용하면, 따옴표를 사용하고 바로 다음에 출처를 표시한다. 예를 들어, "지식은 힘이다."(프란시스 베이컨) 이렇게 작성하면 된다. 원문의 주요 포인트를 요약하거나 재구성한 경우에도 출처를 꼭 밝혀야 한다. 그 예로 "프란시스 베이컨은 지식이 사람에게 권력을 부여한다고 주장했습니다."라고 적는다.

외부 자료를 명확하게 인용하는 것은 글쓰기의 윤리와 투명성, 신뢰성을 확보하는 필수적인 과정이다. 이를 준수함으로써 작성자와 독자 모두에게 이점이 생긴다.

🖍 6하 원칙을 염두에 두고 메모하라

6하 원칙(6W Principle)은 기본적으로 정보전달, 특히 언론이나 기사 작성에서 중요한 원칙 중 하나로 누가(Who), 언제(When), 어디에서(Where), 왜(Why), 무엇을(What), 어떻게(How)와 같이 6개의 핵심 질문에 대한 답을 포함하라는 원칙이다. 이 원칙은 독자나 정보의 수용자가 사건이나 주제를 완전하고 정확하게 이해할 수 있도록 돕는다.

'누가'는 사건의 주요 인물이나 단체를, '언제'는 사건이 발생한 시간을, '어디에서'는 사건이 발생한 장소를, '왜'는 사건이 발생한 이유를, '무엇을'은 사건의 구체적인 내용을, '어떻게'는 사건이 발생한 방법이나 과정을 설명한다.

이 원칙은 뉴스뿐만 아니라 비즈니스 커뮤니케이션, 학술 글, 논리적인 의사결정 과정 등 다양한 분야에서도 유용하게 적용될 수 있다. 특히 복잡하거나 전문적인 주제를 설명할 때 이 6가지 핵심 질문에 명확하게 답하는 것이 중요하다. 이를 통해 작성자는 주제를 체계적이고 명료하게 전달할 수 있으며, 독자는 이를 통해 좀 더 명확하고 정확한 정보를 얻을 수 있다.

자서전에서도 6하 원칙은 효과적인 스토리텔링에 도움을 줄 수 있다. 이 원칙을 적용하면 작성자는 자신의 경험과 사건을 더욱 세밀하고 구체적으로 묘사할 수 있으며, 독자는 작성자의 이야기에 더 쉽게 몰입할 수 있다.

누가(Who): 이는 주로 작성자 본인과 그 또는 그녀와 상호작용하는 중요한 인물들을 의미한다. 각 인물이 본인과 어떤 관계를 가지고 있는지, 그 관계가 본인에게 어떤 의미를 가지는지를 명확히 한다.

언제(When): 자서전의 시간적 배경을 설정한다. 언제 이러한 사건들이 발생했는지를 통해 독자는 사건의 문맥을 더 잘 이해할 수 있다.

어디에서(Where): 사건이 발생한 장소를 구체적으로 기술한다. 이는 단순히 지리적 위치를 넘어 그 장소가 작성자에게 어떤 의미를 가지는지, 그것이 사건에 어떤 영향을 미치는지까지 포괄할 수 있다.

왜(Why): 사건이나 선택, 그로 인한 변화가 왜 발생했는지를 설명한다. 이 부분은 자서전에서 가장 중요한 부분 중 하나로 작성자의 동기나 사건의 원인을 명확히 할 수 있다.

무엇을(What): 무슨 일이 발생했는지를 구체적으로 기술한다. 사건의 세부 내용, 작성자의 감정과 생각, 그것이 미친 영향 등을 상세히 다룬다.

어떻게(How): 사건이 어떻게 진행됐는지, 또는 작성자가 어떻게 특정 결정을 내렸는지를 설명한다. 이는 사건의 진행 과정을 묘사할 뿐만 아니라, 작성자의 사고 과정이나 감정의 변화도 포함할 수 있다.

이 원칙들을 자서전에 적용하면, 단순한 나열이나 표현을 넘어서 몰입도 높고 감정적으로도 풍부한 이야기를 만들어낼 수 있다.

6하 원칙을 자서전에 적용하면 독자에게 더 풍부한 이야기를 전달할 수 있다. '누가'에 대해 생각한다면 주인공이 누구인지 명확히 해야 하고, 주인공과 상호작용하는 다른 인물들도 소개하는 것이 좋다. 이런 인물 설정을 통해 이야기에 깊이를 줄 수 있다.

'언제'와 '어디에서'는 이야기의 배경을 설정하는 부분이다. 어린 시절을 묘사한다면 그 시절의 시간과 장소, 그로 인해 주인공에게 무슨 영향을 미쳤는지를 설명하면 독자가 이해하기 쉽다.

'왜'와 '무엇을'은 사건의 중심이 되는 부분이다. 주인공이 특정한 결정을 내린 이유, 어떤 일이 일어났고 그 결과로 무엇이 변했는지를 상세히 기술한다. 이 부분에서 주인공의 감정 변화나 생각의 변화도 함께 묘사하면 이야기가 더 흥미롭게 다가온다.

'어떻게'는 일련의 사건이 어떻게 진행됐는지를 보여준다. 주인공이 어려움을 겪고 그것을 어떻게 극복했는지, 또는 어떤 목표를 달성하기 위해 어떤 노력을 했는지를 설명한다.

물론 6하 원칙을 적용할 때 주의해야 할 것도 있다. 모든 원칙을 하나의 이야기에 넣으려고 강박적으로 생각하면 오히려 복잡해질 수 있다. 중요한 것은 이 원칙들이 이야기를 더 명확하고 흥미롭게 만들 도구라는 점이다.

자서전에서는 특히 '왜'와 '어떻게'가 중요하다. 사람들은 단순히 무슨 일이 있었는지보다 그 일이 왜 일어났고, 그 결과로 주인공에게 어떤 변화가 일어났는지에 더 관심을 둔다. 이런 내용은 주인공의 성장이나 변화를 보여주며, 독자에게도 공감이나 통찰을 줄 수 있다.

이 원칙을 따를 때는 실제 사건과 경험에 충실하되, 개인의 프라이버시와 감정에도 민감하게 반응하는 것이 중요하다. 모든 이야기가 반드시 공개될 필요는 없으며, 때로는 주인공이나 다른 인물의 감정을 상하게 할 수 있는 부분은 신중하게 다루는 것이 좋다.

이렇게 6하 원칙을 참고하면서도 나만의 스타일과 목소리로 자서전을 작성한다면 그것은 단순한 회고록을 넘어 타인에게도 유용한 경험과 지식, 감동을 전달할 수 있는 작품이 될 것이다.

= 예시

예를 들어, 주인공이 어린 시절 겪은 가난한 환경과 그것이 미친 영향에 대한 이야기를 쓴다고 가정해보겠다.

> **Who**: 주인공은 어린 시절 가난한 환경에서 자랐고, 그 환경은 그의 삶과 가치관에 큰 영향을 미쳤다.
> **What**: 가난한 환경에서의 일상, 부족한 물질적인 조건, 가정 내의 긴장감 등을 구체적으로 서술한다.
> **When**: 어린 시절, 특히 초등학교 때부터 중학교 때까지의 시간을 중점으로 다룬다.
> **Where**: 주로 주인공의 집, 학교, 그의 사는 동네와 그 주변 환경을 묘사한다.
> **Why**: 그런 환경에서 자라면서 주인공이 힘들게 느꼈던 점, 그 환경이 주인공에게 주는 의미와 교훈은 무엇인지를 설명한다.
> **How**: 주인공이 그러한 상황을 어떻게 극복하거나 어떤 변화를 겪었는지, 그 과정에서 어떤 사람들과 만났는지 등을 상세하게 기술한다.

이렇게 6하 원칙에 따라 각각의 질문에 대한 답을 구체적으로 작성한다면, 단순한 사실 서술을 넘어 감정과 생각, 그 경험이 주인공에게 미친 영향까지도 포괄적으로 다룰 수 있게 된다. 이는 독자에게 더 깊은 이해와 공감을 이끌어낼 수 있는 좋은 방법이 될 것이다.

그러나 여기에서는 범위가 너무 광범위하다는 것이 문제점이다. 전체가 아니라 일부분을 중심으로 한 사례를 예시로 들어보겠다. 주인공이 중학교 때 겪은 특별한 경험에 대해 작성한다고 가정해보겠다. 범위를 좁힐수록 주제를 잘 전달할 수 있고, 흥미를 끌 수 있을 것이다. 글을 쓸 때 항상 이런 생각을 염두에 두고 특정 시간, 특별한 경험 등을 적는다는 생각을 하고 전개하면 더 나은 자서전이 될 수 있다.

Who: 중학교 2학년 때의 주인공과 그의 친구들
What: 학교 야간 자율 학습에서 발생한 특별한 사건
When: 7월의 어느 날, 야간 자율 학습 후
Where: 학교 도서관
Why: 주인공이 어떤 중요한 깨달음을 얻게 된 계기
How: 주인공이 문제를 해결하기 위해 어떤 행동을 했는지

이렇게 범위를 축소한 상태에서 6하 원칙에 따라 글을 작성해 보겠다.

> 기준은 중학교 2학년 때, 학교 도서관에서 야간 자율학습을 마치고 나왔다. 그날은 7월의 어느 더운 날이었는데, 도서관의 에어컨이 고장 나서 모두가 더위에 지쳤다. 친구들과 함께 고민 끝에 주인공은 에어컨을 고쳐보기로 했다. 사실 기준은 전기나 기계에 대한 지식이 전혀 없었지만, 어쩔 수 없이 도전해보기로 했다.
>
> 도서관 문을 닫기 전에 빨리 문제를 해결하려고 여러 시도를 했으나, 결국 성공하지 못했다. 그런데 이 과정에서 기준은 친구들과의 협업의 중요성과 새로운 시도의 가치를 깨달았다. 그때부터 기준은 문제를 해결하는 데 있어서 다양한 방법과 사람들의 도움을 더욱 소중히 여기게 되었다.

이렇게 6하 원칙을 사용하면, 주인공의 경험을 구체적이면서도 풍부하게 서술할 수 있다. 이 원칙은 단순히 무슨 일이 있었는지를 설명하는 것을 넘어 왜 그런 일이 중요한지, 그것이 주인공에게 어떤 변화를 가져왔는지까지도 함께 표현할 수 있게 해준다.

🖉 시간과 공간, 빼놓을 수 없는 중요성

시간과 공간은 모든 창의적 업무, 특히 글쓰기에서 빼놓을 수 없는 요소다. 이 둘은 글쓰기 과정에서 생각을 정리하고, 자료를 수집하며, 본격적으로 작성을 하기 위한 필수적인 조건이다.

먼저, 시간을 확보하는 것은 창의적인 생각과 표현이 이루어지는 무대다. 글쓰기는 종종 '영감'이라는 순발력적인 요소와 연결되곤 하지만 실제로는 꾸준한 노력과 지속적인 집중이 필요하다. 이를 위해서는 충분한 시간이 확보되어야 하며, 이 시간 동안 다른 일이나 방해로부터 멀리해야 한다.

공간 또한 중요하다. 이는 물리적인 공간을 의미하기도 하고 정신적인 공간을 의미하기도 한다. 물리적 공간은 작업을 하기 위한 책상, 의자, 컴퓨터 등이 잘 배치된 장소를 의미한다. 적당한 조명과 소음으로부터의 고립, 편안한 온도 등은 집중을 높이는 데 큰 도움이 된다. 정신적 공간은 주변 환경과 상황, 자신의 마음가짐 등이 조화를 이루어야 한다. 가족이나 친구, 동료들에게 "나 지금 중요한 작업 중이니까 조금만 기다려 줄래?"라고 부탁하는 것도 정신적 공간을 확보하는 방법 중 하나다.

시간과 공간이 확보되면, 글쓰기는 물론 다른 창의적인 활동도 훨씬 수월해진다. 이 두 요소가 확보되지 않으면, 아무리 좋은 아이디어나 표현 능력이 있더라도 그것을 제대로 구현하는 데 어려움이 생긴다. 반면, 시간과 공간이 충분히 확보되면 그 안에서 자유롭게 생각하고 창조할 수 있으며, 이는 결국 더 나은 작품을 만들어내는 기반을 제공한다. 시간과 공간 확보는 창의성의 토양을 가꾸는 일이라고 할 수 있으며 그 중요성은 결코 간과할 수 없다.

시간과 공간을 확보하는 일은 또한 글쓰기의 과정을 좀 더 체계적이고 효율적으로 만든다. 시간을 정해 놓고 일정량의 글을 쓰는 연습을 하면 그 시간 동안 집중력이 높아져 작품의 질도 올라간다. 이러한 집중은 공간이 제공하는 편안함과 안정감으로부터도 나온다. 안정적인 공간 속에서는 사소한 것들에 신경 쓰지 않고 본래의 목표인 글쓰기에만 전념할 수 있다.

시간과 공간이 확보되면 글쓰기 외의 다른 작업인 자료 조사나 레퍼런스 찾기, 구조를 다시 짜보는 등의 활동에도 더 많은 시간을 할애할 수 있다. 이런 활동들은 글쓰기의 질을 높이는 데 결정적인 역할을 하는 요소들이다.

시간과 공간을 확보하는 과정 자체도 사실은 스스로에 대한 투자다. 이 과정에서 자신이 어떤 환경에서 잘 작동하는지, 어떤 시간대에 가장 집중이 잘 되는지 등을 알게 되며, 이를 통해 더 나은 작업 환경을 만들어나갈 수 있다. 이런 자기 관리 능력은 글쓰기뿐만 아니라 다른 여러 가지 업무와 일상생활에도 긍정적인 영향을 미친다.

시간과 공간의 중요성은 글쓰기의 과정과 결과 모두에 영향을 미치며, 이 두 가지 요소를 제대로 확보하고 관리하는 것이 결국은 더 나은 작품을 만들고, 더 효율적인 작업을 할 수 있는 기반을 만들어준다. 그렇기에 어떤 형태의 글쓰기를 하든, 시간과 공간 확보는 그 중요성을 무시할 수 없으며, 이를 통해 창의성과 생산성을 높일 수 있다.

실제로 시간과 공간을 확보하는 것은 단순히 글을 쓰기 위한 준비 과정이라고 볼 수 있다. 이것은 창의적인 생각과 아이디어가 샘 솟을 수 있는 기회를 만들어주며, 때로는 예상치 못한 통찰이나 해결책을 찾아주기도 한다. 이는 고정된 생각에서 벗어나 새로운 가능성을 탐색할 수 있는 유일한 방법 중 하나다. 게다가 시간과 공간을 확보하면 그 공간과 시간 속에서 실험을 해 볼 수 있다. 작은 아이디어든, 큰 주제든 상관없이 일단은 글로 표현해 보는 것이다. 실험을 통해 글은 더욱 다채로워지고, 작가 자신도 글쓰기라는 활동을 통해 더욱 성장할 수 있다.

모든 이야기는 각각 시간과 공간 속에서 풀려나가는 것이다. 특정 문제나 주제에 대해 언제, 어디서 글을 쓰느냐도 그 결과를 달리한다. 같은 주제를 다루더라도 아침에 일어나서 카페에서 쓴 글과 밤에 조용한 집에서 쓴 글은 분위기도 다르고, 아마 내용도 다르게 될 것이다. 시간과 공간이라는 두 축을 잘 조절하면, 작가는 더 다양한 각도와 더 다양한 방식으로 이야기를 풀어낼 수 있다.

　시간과 공간을 통제하는 것은 작가의 역량을 향상시키는 동시에 작품 자체의 품질을 높이는 방법이다. 자신만의 시간을 만들고 그 속에서 자신만의 공간을 찾는다면, 그곳에서는 더 이상 아무도 작가를 방해할 수 없다. 그렇게 자유롭게, 그리고 깊이 이야기를 만들어 갈 수 있다. 이러한 프로세스를 통해 작가는 끊임없이 진화하고, 작품 또한 계속해서 새로워진다. 이 모든 것이 가능한 이유는 바로 시간과 공간, 그 빼놓을 수 없는 중요성 때문이다.

✏️ 쓰기를 도와줄 도구와 기술은?

쓰기를 도와줄 도구와 기술은 매우 다양하고, 사용하는 사람의 취향이나 필요에 따라 그 선택은 달라질 수 있다. 가장 기본적인 것은 당연히 글을 쓸 수 있는 환경이다. 예를 들어 펜과 노트북, 혹은 컴퓨터와 워드 프로세서 같은 소프트웨어. 이런 것들은 물론이고 고급 편집도구나 글쓰기 전용 프로그램 같은 것들도 구조나 아이디어를 조직하기 쉽게 해준다.

또한, 이런 도구들을 더 효율적으로 사용할 수 있게 도와주는 여러 기술이 있다. 예를 들어 클라우드 저장 서비스를 사용하면 어디에서나 작업을 계속할 수 있다. 혹은 작성 중인 문서를 자동으로 백업해주는 기능도 중요하다. 데이터를 잃어버리는 불상사를 방지하기 위함이다. 글을 더 잘 쓰기 위해 문법 검사기나 스타일 가이드 같은 보조 도구도 유용하다.

기술적인 면에서는 텍스트를 분석해서 어떤 단어나 문장이 더 효과적인지를 알려주는 알고리즘, 또는 복잡한 데이터를 구조화해서 표나 그래프로 쉽게 나타내주는 도구들도 있다. 이런 것들은 글이 복잡하거나 전문적인 내용을 다룰 때 매우 유용하다.

그 외에도 쓰기를 도와주는 수많은 앱이나 웹사이트, 커뮤니티가 있는데 여기서는 다른 사람들의 피드백을 얻거나 아이디어를 공유할 수 있다. 때로는 그런 상호작용이 새로운 창의적인 생각을 불러일으키기도 한다.

필요한 도구와 기술은 어떤 것을 쓰고, 어떻게 쓰느냐에 따라 다양하게 활용할 수 있다. 이런 도구와 기술들을 잘 알고 활용한다면, 쓰기 과정이 더 쉬워지고 그 결과물도 더 풍부해질 것이다.

물론 도구와 기술만이 좋은 글을 쓰는 데 있어서 결정적인 것은 아니다. 하지만 적절히 활용하면 작업의 속도와 효율성을 높이고, 글쓰기의 부담을 줄여주는 역할을 해준다. 더 나아가 창의적인 생각이나 표현을 도와주기도 한다. 예를 들어, 챗GPT와 같은 인공지능을 활용한 텍스트 생성 도구가 있다. 이런 도구들은 작성자가 더 집중적으로 아이디어나 구조에 신경 쓸 수 있게 기본적인 문장을 생성해줄 수 있다.

현대에는 미디어의 다양성이 급격히 증가하고 있다. 텍스트 외에도 사진, 동영상, 인터랙티브한 요소 등을 통해 이야기를 더 풍성하게 전달할 수 있다. 이런 멀티미디어 요소를 쉽게 삽입하고 편집할 수 있는 도구도 많으므로 이러한 기술을 활용하면 글쓰기 외에도 다양한 방법으로 자신의 생각과 아이디어를 표현할 수 있다.

이 모든 것을 통합적으로 관리할 수 있는 플랫폼이나 시스템이 있으면 더욱 좋다. 글 작성부터 출판, 분석까지 한 번에 할 수 있는 서비스를 사용한다면, 작성자는 더 많은 시간과 에너지를 본래의 목적인 '쓰기'에 집중할 수 있다.

최종적으로는 이런 도구와 기술들이 서로 어떻게 연결되고 작동하는지를 잘 이해하고 활용하는 것이 중요하다. 그렇게 하면 도구와 기술은 단순히 작업을 도와주는 수단을 넘어서 글쓰기의 질을 한 단계 높여주는 파트너가 될 것이다.

도구와 기술의 활용이 더욱 진화하고 있는 상황에서 머물지 않고 지속적으로 새로운 것들을 탐색하고 습득하는 것도 중요하다. 클라우드 기반의 협업 도구들은 여러 사람이 동시에 하나의 문서에 작업을 할 수 있게 해준다. 이런 기능은 특히 팀 프로젝트나 단체에서의 글쓰기에 있어 큰 이점을 제공한다.

또한, 데이터 분석 도구를 활용하면 자신의 글이 어떤 방식으로 사람들에게 영향을 미치고 있는지에 대한 인사이트를 얻을 수 있다. 이런 통찰은 글쓰기 스킬을 개선하는 데 도움을 주며, 어떤 주제나 스타일이 독자들에게 더 효과적인지 판단하는 데 유용하다.

코드나 프로그래밍 지식이 있다면, 개인적인 웹사이트나 블로그를 운영하는 것도 좋은 방법이다. 이를 통해 글쓰기뿐만 아니라 디지털 미디어에 대한 종합적인 이해와 스킬을 키울 수 있다.

이 모든 것은 실제 글쓰기 작업에 들어가기 전에 미리 준비할 수 있는 것들이다. 실제로 글을 쓸 때는 이런 도구와 기술을 어떻게 활용할지, 작성 과정에서 어떤 도움을 받을 수 있는지를 늘 고민해야 한다. 아이디어를 정리하거나 구조를 짜는 데 도움을 주는 마인드맵 앱, 또는 문장을 더 효과적으로 다듬을 수 있는 문장 수정 도구 등을 적극적으로 활용할 수 있다.

도구와 기술을 적절히 활용하는 것은 단순히 글을 쓰는 행위를 빠르고 편리하게 만드는 것을 넘어, 작성자 자신이 더 나은 글 쓰는 사람이 될 수 있도록 도와준다. 따라서 이러한 도구와 기술에 익숙해지고, 지속적으로 새로운 것들을 탐색하고 습득하는 것은 글쓰기 능력을 향상시키는 중요한 과정이라고 할 수 있다.

✏️ 적절한 질문 설정 방법

적절한 질문 설정은 연구나 글쓰기, 그리고 일상생활에서도 중요한 역할을 한다. 질문이 명확하고 특정을 한다면 그에 따른 답변이나 결과도 그만큼 의미 있는 것으로 이어질 가능성이 크다.

첫째, 질문을 설정할 때는 그 질문이 어떤 목적을 가지고 있는지를 명확히 알아야 한다. 목적이 불명확한 질문은 대체로 불명확한 답변만을 유발한다.

둘째, 질문이 너무 광범위하면 그에 따른 답변이나 정보도 마찬가지로 너무 광범위해질 수 있다. 따라서 질문은 구체적이고 특정한 범위에 집중되어야 한다. 예를 들어 "환경 문제를 어떻게 해결할까?" 보다는 "재활용이 환경 보호에 어떤 영향을 미치는지?"와 같이 더 구체적인 질문을 설정하는 것이 유용하다.

셋째, 답을 얻고 싶은 주체가 누구인지도 고려하는 것이 좋다. 자신만의 지식을 늘리고 싶다면 광범위한 질문도 나쁘지 않을 수 있지만, 타인에게 정보나 의견을 요구할 때는 그들이 특별히 전문가인 분야에 질문을 설정하는 것이 더 유용하다.

넷째, 질문이 추상적이거나 애매한 표현을 포함하고 있다면 그것을 명확하고 구체적인 언어로 다시 작성해야 한다. 이렇게 함으로써 질문에 대한 답변을 구할 때 시간과 노력을 효율적으로 사용할 수 있다.

질문 설정은 복잡한 과정이 될 수도 있지만, 이 과정을 통해 얻어진 결과는 그만큼 가치 있는 것들이다. 따라서 질문을 설정할 때 위에서 언급한 여러 원칙을 고려한다면 더 의미 있는 대화나 연구와 글쓰기를 위한 첫걸음을 뗄 수 있다.

물론, 질문을 설정하는 것은 단순히 답을 얻기 위한 수단이 아니다. 그 과정 자체에서도 자신이 무엇에 관심이 있는지, 어떤 문제에 집중하고 싶은지를 더 잘 이해할 수 있다. 이러한 이해는 그 자체로도 굉장히 가치 있는 것이며, 이후에 더 복잡한 문제나 상황에 직면했을 때 더 나은 판단과 선택을 할 수 있게 도와준다.

질문 설정의 중요성은 학문적 연구나 전문가의 의견뿐만 아니라 일상적인 상황에서도 그렇다. 동료나 친구와의 대화에서도 특정 주제에 대해 더 깊이 이해하고 싶다면, 그에 따라서 적절한 질문을 준비해두면 대화가 더 유익하고 풍성해질 수 있다.

또한, 질문 설정에 있어 정보의 품질과 신뢰성도 중요한 요소다. 무엇보다도 그 정보가 어디서 왔는지, 어떤 방법으로 얻어진 것인지를 알고 그에 따라 질문의 형태를 조절할 수 있다. 이런 부분들을 고려하면 결과적으로는 더 효과적이고 의미 있는 정보를 얻을 수 있을 것이다.

적절한 질문을 설정하기 위해서는 간혹 외부의 도움을 청하거나 다른 사람의 의견을 들을 필요도 있다. 자신만의 시각에서만 문제를 바라보다 보면 놓치는 부분이 생길 수 있어 다양한 관점과 접근법을 고려하면서 질문을 설정하는 것이 바람직하다.

질문 설정은 단순히 정보를 얻기 위한 것이 아니라, 그 과정에서의 학습과 자기계발, 더 나은 의사결정을 위한 중요한 단계라고 할 수 있다. 따라서 이 과정에 시간과 노력을 투자하는 것은 분명히 가치 있는 일이다.

이러한 질문 설정 과정은 언뜻 보면 복잡하고 시간이 많이 걸릴 수 있다. 하지만 이 과정을 통해 우리는 목적에 맞는, 우리 자신을 더 잘 이해할 수 있는 질문을 만들 수 있다. 그렇게 되면 우리가 추구하는 목표나 가치에 대한 더 깊고 정확한 이해를 할 수 있고, 이를 통해 더 나은 결정을 내릴 수 있다.

질문 설정에 있어서 다양한 방법과 도구도 존재한다. 문제 해결을 위한 '5W1H' 방법론에서도 볼 수 있듯이 어떤 문제나 상황에 대한 근본적인 원인과 그 상황이 발생한 배경, 관련된 사람들과 시간 등을 정확하게 파악하는 것이 중요하다. 이를 통해 본질적인 질문을 설정할 수 있으며 이는 결국 더 효과적인 해결책을 찾아내는 데 도움을 준다.

이런 질문 설정 능력은 다양한 분야에서 활용할 수 있다. 비즈니스 회의에서 프로젝트의 성공을 위한 전략을 짜는 과정, 학문적 연구에서 가설을 설정하거나 연구 방법을 결정하는 과정, 심지어는 개인적인 목표를 달성하기 위한 계획을 세우는 과정에서도 유용하게 쓰일 수 있다.

    이처럼 질문 설정은 단순한 정보 수집이나 답 찾기를 넘어 자기 자신과 주변 세계에 대한 더 깊은 이해와 그에 따른 효율적인 행동으로 이어질 수 있다. 적절한 질문을 설정하는 능력은 개인의 성장은 물론 다양한 상황에서 더 나은 결과를 만들어낼 수 있는 중요한 열쇠라고 할 수 있다.

🔖 챗gpt의 응답 최적화 방법

챗봇과 같은 인공지능 어시스턴트, 즉 챗GPT의 응답을 최적화하는 방법은 여러 가지가 있다. 먼저, 해당 플랫폼이 제공하는 설정을 살펴보는 것이 좋다. 대부분의 고급 챗봇들은 사용자가 응답 스타일, 정확성, 속도 등을 조절할 수 있도록 다양한 설정을 제공한다.

또한, 질문을 명확하고 구체적으로 하는 것도 중요하다. 불분명하거나 모호한 질문은 챗봇이 정확한 응답을 제공하기 어렵게 만든다. "날씨 어때?"라는 질문은 답하기 어렵지만, "오늘 서울의 날씨는 어떤가요?"라는 질문은 명확하므로 더 정확한 정보를 얻을 수 있다.

시간이 지나면서 챗봇은 사용자의 선호와 행동을 학습하므로 일정 시간 동안 같은 플랫폼을 사용하면 더 나은 결과를 얻을 수 있다. 일부 최신 챗봇은 개인화된 응답을 제공할 수 있도록 설계되어 있어 사용자가 자주 묻는 질문이나 특정 주제에 대한 응답을 더 정확하게 제공할 수 있다.

사용자가 원하는 정보를 더 정확하게 얻기 위해서는 필요하다면 여러 단계의 질문을 거쳐 정보를 얻는 것도 방법이다. 처음에는 "최근 연구된 에너지 효율적인 기술이 뭐야?"라고 물어보고, 챗봇의 응답을 바탕으로 "그 기술의 작동 원리는 무엇인가요?"라는 추가 질문을 할 수 있다.

마지막으로 이러한 최적화 작업은 단발성이 아니라 지속적으로 이루어져야 한다. 챗봇의 알고리즘이나 데이터베이스가 지속적으로 업데이트되므로 시간이 지남에 따라 더 나은 응답을 얻을 수 있는 방법이 변할 수 있다. 따라서 지속적인 피드백과 수정 과정이 필요하다.

사용자 경험을 향상시키기 위해 피드백 메커니즘이나 평가 도구를 활용할 수도 있다. 이는 챗봇의 성능을 더욱 정확하게 파악하고 필요한 개선점을 찾을 수 있게 한다. 또한, 사용자는 특정한 응답이나 서비스가 필요할 경우 이를 챗봇에 직접 요청하는 것도 가능하다. 이러한 피드백은 챗봇이 더 나은 서비스를 제공하기 위한 중요한 데이터로 활용될 수 있다.

API나 다른 서드파티 도구를 활용해 챗봇을 더욱 똑똑하게 만드는 방법도 있다. 예를 들어 날씨 정보, 주식 시세, 뉴스 기사 등 다양한 외부 데이터를 가져와 더 풍부하고 다양한 응답을 할 수 있도록 설정할 수 있다. 이러한 기능들은 사용자가 더 다양하고 깊이 있는 정보를 챗봇을 통해 얻을 수 있게 해준다.

챗봇의 언어 모델이나 알고리즘 자체를 커스터마이징하는 것은 일반 사용자에게는 어렵지만, 기업이나 전문가들은 이를 위한 전문적인 도구나 서비스를 활용할 수 있다. 이를 통해 특정 업계나 분야에 맞춘 전문적인 응답을 제공할 수 있고, 이는 다시 사용자에게 더 맞춤화된 서비스를 제공할 수 있게 한다.

또한, 챗봇에 직접 명령어나 스크립트를 추가해 더 복잡한 작업을 수행할 수 있게 하는 것도 한 방법이다. 사용자가 "나의 일정을 확인해 줘."라고 하면 챗봇이 연동된 캘린더 앱을 열어 일정을 읽어주는 등의 작업이 가능하다.

결국, 챗GPT나 다른 챗봇의 응답을 최적화하는 것은 다양한 방법과 과정을 통해 이루어진다. 명확한 질문 설정, 적절한 설정 조절, 피드백과 평가, 외부 데이터나 도구의 활용 등 다양한 방법이 사용될 수 있다. 이 모든 것이 결합되어 사용자에게 더 나은 서비스를 제공하고, 챗봇을 더욱 똑똑하고 유용한 도구로 만드는데 기여한다.

추가로 챗GPT의 응답 속도와 정확도를 향상시키기 위해 다양한 최적화 전략도 존재한다. 이에는 서버의 처리 속도를 높이는 기술적인 측면도 포함될 수 있고, 이는 특히 대용량 데이터를 다룰 때 중요하다. 또한, 사용자의 위치나 취향, 질문의 문맥 등을 파악해 더욱 맞춤화된 응답을 제공하는 기능도 계속 개발되고 있다. 이러한 최적화는 사용자가 원하는 정보나 서비스를 더 빠르고 정확하게 얻을 수 있게 해준다.

물론 챗봇을 통한 인터랙션은 기술적 제약사항도 존재한다. 언어 모델의 한계로 인해 특정 질문에 대한 정확한 답변을 제공하지 못할 수도 있다. 하지만 이러한 한계를 극복하기 위한 연구와 개발이 계속 진행되고 있어 앞으로 더욱 향상된 서비스가 제공될 것으로 예상된다.

인공지능과 머신러닝 분야의 발전에 따라 챗봇이 활용할 수 있는 데이터의 종류와 양도 늘어나고 있다. 이는 챗봇이 더 다양한 작업을 수행하고 더 복잡한 질문에 응답할 수 있게 만든다. 이미지나 음성 인식 기술의 발전으로 텍스트 외의 다른 형태의 데이터를 처리할 수 있는 능력도 추가될 수 있다.

챗GPT와 같은 인공지능 챗봇의 응답을 최적화하는 것은 단순히 기술적인 문제를 해결하는 것 이상의 의미를 갖는다. 사용자와의 더 나은 상호작용을 통해 인간과 기술이 더욱 긴밀하게 연결되고, 이를 통해 일상생활에서 더 많은 편의와 혜택을 누릴 수 있게 된다. 챗봇의 응답을 최적화하는 과정은 인공지능이 우리 생활에 미치는 긍정적인 영향을 더욱 확대시키는 중요한 단계라고 할 수 있다.

2부

인공지능을 활용한
자서전 작성 방법

04
기본 구성과 흐름

🖊 연보 작성은 마인드맵의 기초다

자서전에서 연보를 활용하려면 자신의 일생을 중요한 시기나 이벤트별로 나누는 것이 좋다. 연보는 개인의 경험과 사건을 연도별 또는 주제별로 정리하는 것을 의미한다. 이런 방식은 독자에게 작가의 인생에서 중요한 순간들이 언제 있었고, 어떻게 연결되어 있는지 명확하게 보여준다.

연보 작성 요령은 다음과 같다.

첫째, 자서전을 작성하기 전에 큰 틀을 만드는 것이 유용하다. 어떤 이야기를 언제 했는지 간략하게 타임라인을 그려보면 좋다. 이 타임라인은 작성 과정에서 참고할 수 있는 지침서 역할을 한다.

둘째, 사건이나 경험을 단순히 나열하기보다는 각각에 어떤 의미가 있는지, 어떻게 현재의 자신에게 영향을 미쳤는지를 고민해본다. 이를 통해 각 사건이나 경험에 깊이를 부여하고, 전체적인 이야기에 연결성을 줄 수 있다.

셋째, 자신의 인생에서 특히 중요하거나 전환점이 된 이벤트는 더 자세히 서술한다. 이러한 이벤트는 자서전 전체에서 큰 비중을 차지할 것이므로 여기에 시간과 노력을 투자한다.

넷째, 일상적인 사건도 무시하지 않는다. 이러한 사건은 자주 무시되기 쉬우나 자신을 이해하는 데 큰 도움이 될 수 있다. 일상에서의 작은 변화나 깨달음이 큰 전환점으로 이어질 수 있기 때문이다.

다섯째, 작성을 마친 후에는 전체 내용을 다시 한번 점검한다. 이 과정에서 빠진 사건이나 중복된 내용, 불필요한 부분을 수정하고 글의 흐름을 자연스럽게 맞춘다. 작성한 자서전이 자신이 전달하고자 하는 메시지나 주제, 감정 등을 잘 반영하고 있는지 확인하고 필요한 수정을 진행한다.

이렇게 하면 자서전에서의 연보는 단순히 시간 순서에 따른 사건 나열이 아니라 작가의 성장과 변화, 인생의 의미를 독자에게 더 잘 전달할 수 있는 구조적인 틀을 제공할 것이다. 이 과정을 통해 작성한 자서전은 단순한 회고록을 넘어, 의미 있는 인생 이야기로 완성될 것이다.

연보를 잘 활용하면 자서전은 단순히 사건의 연속이 아니라 의미 있는 이야기의 흐름을 갖게 된다. 연보를 작성하고 나서는 다음 단계로 어떻게 진행할지를 고려한다. 연보를 기반으로 각 장을 계획하고 그 안에서 더욱 구체적인 에피소드나 묘사를 추가할 수 있다.

특히 자기 자신을 소개하는 부분에서는 초기 연보가 어떻게 본문과 연결되는지를 명확하게 하는 것이 중요하다. 이는 독자가 작가와 더 쉽게 공감하고 이해할 수 있게 도와준다. 그리고 이야기가 전개됨에 따라 연보에서 정한 주요 사건이나 경험을 깊게 파고든다. 이를 통해 독자는 작가의 성장 과정을 명확하게 파악할 수 있다.

다만, 연보만으로는 부족한 부분이 있을 수 있다. 연보는 큰 틀을 제공하지만, 그 안에서의 세부적인 감정 변화, 생각의 전환 등은 본문에서 자세히 다뤄야 한다. 여기서 스토리텔링의 기술이 중요하게 작용한다. 각 사건이나 경험을 단순히 나열하는 것이 아니라, 그것들이 어떻게 연결되고 어떻게 작가의 인생에 영향을 미쳤는지를 보여주는 것이다.

연보와 본문이 잘 연결된 후에는 외부 검증 과정도 필요하다. 가족이나 친구, 전문 에디터에게 의견을 구해보는 것은 작성 과정에서 놓친 부분을 발견하거나, 더 나은 방향성을 제시해 줄 수 있다. 이러한 피드백은 자서전이 단순히 작가의 관점만을 반영하지 않고 더 넓은 관점에서의 가치를 지닐 수 있게 도와준다. 어떤 주제로 나의 이야기를 채울 것인가?

자서전을 작성할 때 주제와 내용을 선정하는 것은 아주 중요한 단계다. 주제를 정하는 과정은 자서전의 전체 틀을 결정하고, 독자에게 어떤 메시지를 전달할 것인지를 명확히 하는 기회다. 그래서 이 단계에서 고민을 충분히 해야 독특하고 의미 있는 작품을 만들 수 있다.

주제와 내용을 선정할 때는 자신이 전하고 싶은 이야기가 무엇인지를 먼저 파악해야 한다. 이는 자신의 경험, 생각, 감정뿐만 아니라 타인과의 관계, 사회와의 상호작용 등도 포함될 수 있다. 어떤 경험이나 사건이 자신에게 큰 영향을 미쳤는지, 또는 어떤 주제가 자신의 인생을 더욱 풍요롭게 만들었는지를 고려하면 좋다.

자서전은 개인적인 이야기지만 그것을 어떻게 표현하느냐에 따라 다른 사람들에게도 큰 영감을 줄 수 있다. 따라서 주제를 선정할 때는 독자가 이 작품을 통해 얻을 수 있는 가치도 고려하는 것이 좋다. 예를 들어, 자신의 실패 경험을 공유함으로써 다른 사람들에게 위로나 힘을 주고 싶다면, 그에 맞는 방식으로 이야기를 구성해야 한다.

주제 및 내용 선정 과정에서 현실적인 제약도 고려해야 한다. 어떤 주제는 매우 흥미롭지만, 그에 대한 정보나 자료가 부족하다면, 그 주제를 다루는 것은 어려울 수 있다. 이러한 경우 다양한 자료를 수집하거나, 필요하다면 현장 답사 같은 추가적인 노력을 통해 정보를 보완할 수 있다.

자서전의 주제와 내용은 작가 자신의 성장과 변화를 반영할 수 있는 좋은 기회이기도 하다. 자서전을 통해 자신을 돌아보고 더 나은 사람이 되기 위한 계기를 만들 수 있다. 이런 의미에서 주제와 내용을 선정하는 것은 단순히 이야기를 채우는 수단이 아니라, 작가 자신과 독자 모두에게 깊은 의미와 가치를 제공할 수 있는 중요한 과정이라고 할 수 있다.

자서전 작업에서 계속되는 과정은 주제와 내용 선정이다. 첫 아이디어가 완벽하지 않을 수도 있고, 작성을 진행하면서 새로운 통찰이나 경험을 얻게 될 수도 있다. 자서전을 작성하면서 주제나 내용을 수정하거나 확장하는 것도 중요하다. 이런 유동성은 자서전이 단순한 '과거 회상'이 아니라 '현재의 나'를 재조명하고 '미래의 나'에 대한 계획을 세울 수 있는 플랫폼이 될 수 있게 해준다.

주제와 내용을 선정할 때는 다양한 각도에서 접근하는 것도 좋다. 현재의 사회 문제, 문화적인 특성, 인간관계 등 다양한 요소가 개인의 삶에 어떤 영향을 미치는지 고려할 수 있다. 이러한 다양한 요소를 어떻게 자신의 이야기와 연결지을 수 있는지를 찾는 것은 자서전 작성의 큰 매력 중 하나다.

이 모든 과정에서 기억해야 할 것은, 최종적으로 완성되는 자서전은 '나만의 이야기'라는 점이다. 누군가의 기대나 평가보다는 자신이 전하고 싶은 메시지, 자신의 삶을 어떻게 표현하고 싶은지가 중심이 되어야 한다. 이런 자기중심적인 접근 방식이 자서전을 통해 나만의 성장과 변화를 이루는 데 큰 도움이 된다.

주제와 내용 선정은 자서전 작성의 가장 기본이 되는 골격을 만드는 과정이다. 이 골격이 튼튼해야만 다양한 이야기와 경험, 감정이 조화롭게 어우러져 의미 있는 자서전이 완성된다. 이 단계에서 시간과 노력을 충분히 투자하는 것이 자서전이라는 '나만의 섬'을 만들어가는 중요한 단계라고 할 수 있다.

주제와 내용 선정에 대한 고민은 그저 문서의 몇 페이지를 채우기 위한 단순한 작업이 아니다. 그것은 마치 지도를 그리는 것과 같아서 길을 어떻게 걸을지, 어떤 풍경을 경험하고 싶은지, 어떤 이야기를 담고 싶은지에 대한 방향성을 제시한다. 이 지도는 다른 사람들에게도 나의 세계를 알려주는 도구가 되며, 스스로도 이 지도를 통해 삶의 중요한 단계나 결정을 회고하고 재평가할 수 있다.

주제와 내용을 선정하는 것은 자기 자신을 더 잘 알게 되는 과정이기도 하다. 자신이 중요하게 생각하는 가치, 지향하는 목표, 지금까지 경험한 삶의 다양한 면모를 조명하는 작업을 통해 작가 자신은 자신의 정체성과 삶의 의미를 더욱 명확히 인식할 수 있다. 그럼으로써 작성자는 자기 자신을 더욱 사랑하고 이해할 수 있으며, 이는 글을 통해 다른 이와 공유될 때 그 가치가 더욱 높아진다.

주제와 내용의 선정은 작가의 고유한 '목소리'를 찾는 과정이기도 하다. 자서전은 개인적인 경험과 생각, 감정을 담는 것이기 때문에 그 안에서 나만의 언어와 표현 방식을 찾는 것이 중요하다. 이렇게 자기만의 스타일과 톤을 찾게 되면 글은 단순한 '자기 이야기'를 넘어 '예술 작품'으로도 발전할 수 있다.

단순히 개인적인 수준을 넘어 사회적, 문화적 수준에서도 주제와 내용 선정은 중요하다. 사람들이 자신의 이야기를 공유하면서 사회적 이슈나 문화적 다양성에 대한 이해가 높아질 수 있고, 이는 결국은 우리 사회가 더 나은 방향으로 발전하는 데에도 기여할 수 있다. 주제와 내용 선정은 자서전 작성의 아주 기초적인, 그러나 굉장히 중요한 단계라고 할 수 있다. 이 과정을 통해 작성자는 자신의 삶을 더 깊이 이해하고 독자와의 소통을 통해 더 넓은 세상과도 연결될 수 있다.

✏️ 어떤 방식으로 이야기를 채울 것인가?

이야기를 어떤 방식으로 채울 것인지는 자서전의 전체적인 구조와 흐름, 작가의 의도나 메시지에 큰 영향을 미칠 수 있다.

편년체는 시간순으로 일어난 사건이나 경험을 정리하는 방식이다. 이 방식은 읽는 이가 작가의 삶을 시간의 흐름 속에서 한눈에 파악하기 좋다. 삶의 변화와 성장, 시간에 따른 사건들의 연결성을 명확히 할 수 있어서, 작가 자신도 회고하거나 자신의 삶을 다시 한번 정리하는데에 유용하다.

기전체는 특정 주제나 사건을 중심으로 이야기를 전개한다. 작가는 자신의 삶에서 가장 중요하다고 생각되는 몇 가지 주제나 사건을 뽑아 그것을 중심으로 상세하게 이야기한다. 이 방식은 특정 주제에 대한 깊은 이해나 통찰을 공유하고 싶을 때, 또는 작가의 삶 가운데 어느 특정한 부분이 매우 중요하거나 특별한 의미를 지닐 때 유용하다.

두 방식을 혼합해서 사용할 수도 있다. 전체적인 구조는 편년체로 잡고 중요한 몇몇 사건이나 주제에 대해서는 기전체로 깊게 다룰 수 있다. 혹은 중요한 사건이나 주제를 4~5가지로 분류한 후에 그것들을 시간 순서대로 배열해서 각각을 기전체 방식으로 상세히 다루는 것도 한 방법이다. 이렇게 하면 독자는 작가의 삶의 큰 틀을 이해하면서도 중요한 사건이나 주제에 대한 깊은 통찰을 얻을 수 있다.

어떤 방식을 선택하든, 중요한 것은 작가가 전달하고 싶은 메시지나 의도, 자신의 삶을 어떤 방식으로 표현하고 싶은지를 명확히 하는 것이다. 이렇게 방식과 구조를 신중하게 선택하고 계획하면, 자서전은 단순한 회고록을 넘어 문학적 가치와 사회적 의미를 지닐 수 있게 된다.

작가가 자신의 삶과 생각, 메시지를 명확하게 전달하고자 할 때 구조와 방식의 선택은 더욱 중요해진다. 이 구조는 독자가 작가의 내면세계와 이야기를 쉽게 따라갈 수 있게 도와주며, 작가 자신도 삶의 여러 측면을 체계적으로 이해하고 표현할 수 있는 기회가 된다. 잘 선택된 구조와 방식은 단순히 정보나 사건을 나열하는 것을 넘어 독자에게 감동이나 공감, 아니면 깊은 사유의 기회를 제공할 수 있다.

물론 이 모든 것은 충분한 준비와 계획이 필요하다. 작가는 먼저 자신의 삶에서 중요하게 다루고 싶은 사건이나 주제, 또는 메시지를 명확히 정의해야 한다. 이를 어떤 순서나 방식으로 표현할지, 어떤 언어나 문체를 사용할지도 신중히 고민해야 한다. 이러한 과정에서 자기 자신을 더 깊게 이해하게 되고 독자에게도 그 깊이를 전달할 수 있게 된다.

작가가 선택한 주제나 메시지에 따라 필요한 자료나 정보, 참고할 만한 작품 등도 체계적으로 조사하고 수집해야 한다. 이렇게 함으로써 작가는 자신의 이야기를 더 풍부하고 신빙성 있게 만들 수 있고, 독자는 작가의 세계에 더 쉽게 몰입할 수 있다.

또 하나 중요한 것은 리듬과 템포다. 글의 흐름이 자연스럽고, 중요한 사건이나 주제가 적절한 시점에 등장하도록 구성하면 독자는 글을 읽는 내내 지루함 없이 집중할 수 있다. 이를 위해 작가는 문장과 단락, 장과 절 등의 구성을 신중히 고려해야 하며, 필요하다면 여러 번의 수정과 수정을 거쳐야 할 것이다.

어떤 방식으로 이야기를 채울 것인지는 작가의 의도와 메시지, 삶의 다양한 요소를 어떻게 표현하고 싶은지에 따라 결정되어야 한다. 이는 자서전이 단순한 이력서나 일기를 넘어 하나의 작품이자 문학적 표현의 형태로 완성될 수 있게 하는 중요한 단계라고 할 수 있다.

이런 고민과 선택이 작가 자신에게는 자기성찰의 기회로도 작용한다. 구조와 방식, 그 안에서 다루어지는 내용들을 다시 보면서, '나는 왜 이런 선택을 했을까?'라는 생각을 하게 되고 이를 통해 자신을 더 깊게 이해하게 된다. 이 모든 과정은 독자에게도 동일하게 적용된다. 어떤 구조와 방식으로 표현되는지에 따라 독자가 느끼는 감동이나 공감, 얻는 교훈이 크게 달라질 수 있다.

하지만 이렇게 할 수 있는 능력이나 기술은 자연스럽게 생기는 것이 아니다. 연습과 노력, 계속되는 수정과 피드백의 과정을 거쳐야 한다. 이러한 과정에서 다양한 도구와 기술이 큰 도움이 될 수 있다. 현대에는 다양한 글쓰기 도구가 있으며, 이들은 작가가 더 효율적으로 그리고 효과적으로 자신의 이야기를 전달할 수 있게 도와준다. 그중에서도 인공지능 같은 최신 기술은 작가가 원하는 구조나 방식, 스타일에 맞게 글을 수정하거나 보완하는 데 큰 도움을 줄 수 있다.

작가가 구조와 방식을 신중히 고르고 이를 통해 자신만의 독특한 이야기를 만들어가는 것은 자서전이 단순한 '내 이야기'에서 '우리 모두의 이야기'로 확장될 수 있게 하는 열쇠다. 여기에는 작가의 삶과 경험, 그 안에서 느낀 감정과 생각, 그 모든 것을 어떻게 표현할 것인지에 대한 고민과 결정이 담겨 있다. 이 과정에서 작가는 단순한 이야기 전달자에서 창조자, 의미 부여자로 거듭나게 되며, 이것이 바로 구조와 방식, 그 안에서 다루어지는 내용이 중요한 이유라고 할 수 있다.

🖍 나의 이야기를 어떻게 펼칠까?

구조와 흐름은 내 이야기를 어떻게 펼칠지를 결정하는 중요한 요소다. 구조는 이야기의 뼈대를 만들어주고, 흐름은 그 안에서 일어나는 일들이 어떻게 연결되는지를 나타낸다. 이 두 가지 요소가 잘 조합되어야만 이야기는 완성도 있고 통일감 있는 전체 틀을 가질 수 있다.

먼저 전체적인 테마나 목적을 명확히 설정하는 것이 중요하다. 이것이 구조와 흐름을 결정짓는 기초가 될 것이다.

내 일대기를 담은 자서전을 쓴다고 가정하면, 여기에는 내 생애 중요한 변곡점이나 성장 과정, 그것들이 어떻게 오늘의 나를 만들었는지를 중심으로 이야기를 진행할 수 있다. 이런 경우 내 삶을 크게 몇 가지 단계나 구획으로 나누고, 각 단계에서 무슨 일이 있었는지, 그것이 나에게 어떤 의미를 가지는지를 상세히 설명할 수 있을 것이다. 이렇게 하면 이야기는 단순히 일련의 사건의 나열이 아니라 특정한 테마나 메시지를 통해 의미가 깊어질 것이다.

흐름에 있어서도 비슷한 원칙이 적용된다. 이야기 속에서 일어나는 각각의 사건이나 경험이 다음으로 어떻게 연결되는지를 미리 계획해두면, 이야기는 더 자연스럽고 유기적으로 전개될 것이다. 특징한 사건을 먼저 다루고 다음으로 무슨 일을 다룰지, 그것이 어떻게 전체 테마나 메시지에 부합하는지를 고려하면서 이야기를 풀어가면 좋다.

구조와 흐름을 잘 설정하면 이야기는 단순한 '나의 일'에서 '여러 사람이 공감하고 이해할 수 있는 이야기'로 승화될 수 있다. 이 과정에서 나는 단순히 이야기의 주인공에서 창조자, 의미를 부여하는 스토리텔러로 거듭나게 될 것이다. 이러한 과정을 통해 구조와 흐름은 내 이야기를 어떻게 펼칠지를 결정하는 중요한 도구가 된다.

구조와 흐름이 중요하지만, 그것들을 어떻게 표현할지도 중요하다. 구조는 대략적인 뼈대를 제공하고, 흐름은 이야기가 어떻게 진행될지를 나타내지만, 실제로 글을 쓸 때는 이러한 추상적인 아이디어를 구체적인 문장과 단어로 변환해야 한다. 이런 작업에서는 언어의 선택, 문장의 구조, 무엇보다도 내 개성과 스타일이 크게 작용한다. 이 과정은 쉽지 않을 수 있지만, 여기에서도 계획과 연습이 중요하다. 먼저 내가 전달하고자 하는 메시지나 감정을 정확히 파악하고, 그것을 가장 잘 표현할 수 있는 언어와 문장 구조를 선택하는 것이 좋다.

여기에는 여러 가지 작성 기술이 도움이 될 수 있다. 이야기가 복잡하거나 여러 사건이 연결되어 있을 때 시간의 흐름을 명확히 하거나 중요한 사건을 강조하기 위해 시간 순서를 바꾸는 등의 방법을 사용할 수 있다. 또는, 복잡한 사건이나 감정을 표현할 때는 메타포나 비유를 활용해서 읽는 이에게 더 깊은 이해를 도울 수 있다.

이러한 모든 이야기가 하나의 정해진 방식으로만 표현될 수 있는 것은 아니다. 여러 방법을 시도하고, 어떤 것이 내 이야기에 가장 잘 맞는지를 찾아내는 과정도 중요하다. 이러한 과정을 통해 더 나은 스토리텔러가 될 수 있고, 내 이야기는 더 많은 사람에게 공감과 이해를 가져다줄 수 있다.

구조와 흐름은 내 이야기를 어떻게 펼칠지 결정하는 중요한 열쇠다. 이들은 단순히 정보의 나열을 넘어서 의미 있는 완성도 높은 작품을 만들어내는 기초를 제공한다. 이야기를 쓸 때는 무엇을, 어떻게, 왜 표현하는지를 항상 고려해야 하며, 이를 통해 나만의 독특한 이야기를 만들어낼 수 있다.

구조와 흐름에 따라 이야기의 질도 크게 달라질 수 있다. 단순히 사건을 나열하는 것과는 다르게 흐름을 잘 관리하면 독자나 청중은 캐릭터의 발전, 갈등의 해결 또는 문제의 근원을 더 명확하게 이해할 수 있다. 잘 관리된 구조는 이야기를 더 명확하고 이해하기 쉽게 만들며, 의도치 않게 주요 포인트나 중요한 세부 정보가 묻히는 것을 방지한다.

이렇게 하려면 먼저 큰 그림을 볼 줄 알아야 한다. 각 장, 절, 단락이 어떻게 서로 연결되는지, 전체 이야기에 어떤 영향을 미치는지를 고려하는 것이 중요하다. 어떤 이벤트가 이야기 후반부에 큰 터닝포인트가 되려면, 전반부에서 그 이벤트의 중요성을 충분히 설정해두는 것이 좋다.

이야기가 복잡해지면서 여러 테마나 아이디어가 등장할 수 있다. 이럴 때 잘 구조화된 흐름은 독자가 주요 테마나 아이디어에 집중할 수 있게 도와준다. 각 섹션이나 장이 주요 테마에 어떻게 기여하는지를 명확히 하는 것은 이야기를 더 통일감 있고 몰입감 있게 만든다.

적절한 구조와 흐름은 내 이야기가 다양한 독자나 청중에게 어떻게 다가갈지도 결정한다. 복잡한 이야기를 쉽게 풀어나가거나, 단순한 이야기를 더 깊게 탐구하는 방법 등은 구조와 흐름에 크게 의존한다. 이러한 요소를 신중하게 고려하면 이야기의 접근성과 이해도를 높일 수 있다.

이 모든 것이 함께 작용해 이야기를 더 강력하고 효과적으로 만들 수 있다. 구조와 흐름은 단순한 정보의 전달을 넘어 이야기의 감정적, 지적 영향력을 높이는 데 중요한 역할을 한다. 이렇게 하면 내 이야기는 단순히 '뭔가를 말하는' 것을 넘어 '뭔가를 느끼게 하는' 작품이 될 수 있다.

🖍 플롯을 어떻게 만들까?

플롯이라는 용어는 일반적으로 어떤 이야기나 드라마에서 일어나는 사건의 연속을 지칭한다. 플롯은 보통 '발단-전개-절정-결말'이라는 구조를 따르곤 하며, 이 구조는 사건이나 캐릭터의 변화를 관객이나 독자에게 명확하게 전달하기 위해 사용된다.

발단에서는 주인공과 그의 환경, 문제 등이 소개된다. 전개 부분에서는 주인공이 문제를 해결하기 위한 도전과 시도, 그에 따른 여러 사건이 일어난다. 절정에서는 문제나 갈등이 가장 심화되는 순간을 맞이하게 되며, 이 부분은 보통 이야기의 높은 긴장감을 만들어낸다. 마지막으로 결말에서는 모든 사건과 갈등이 해결되면서 이야기가 끝나게 된다.

플롯을 잘 구성하려면 다음과 같은 것들을 고려해야 한다.

캐릭터의 목표와 동기: 주인공이 무엇을 원하고, 왜 그것을 원하는지 명확히 해야 한다.

장애물과 갈등: 주인공이 목표를 달성하기 위해 극복해야 할 장애물이나 갈등을 설정한다.

클라이맥스: 이야기의 높은 지점, 주로 주인공이 마지막 장애물을 극복하거나 중요한 결정을 내리는 순간이다.

결말: 모든 사건과 갈등이 어떻게 해결되었는지를 보여준다.

이런 요소들을 고려하면서 플롯을 구성하면, 이야기가 훨씬 더 흥미롭고 설득력 있게 될 것이다.

플롯을 짜는 것은 이야기를 만드는 과정에서 가장 중요한 단계 중 하나다. 이 과정에서 어떤 내용을 어떻게 배열할지, 주요 사건은 어떤 순서로 펼쳐질 것인지, 캐릭터는 어떤 발전을 거치는지 등을 생각하게 된다.

이 과정은 단순히 이벤트를 나열하는 것을 넘어 이야기에 의미와 흐름을 부여한다. 대부분의 이야기는 소개, 발전, 클라이맥스, 결말이라는 네 가지 주요 부분으로 구성되는데, 각 부분이 어떻게 연결되고 전개될지를 미리 생각해보는 것이 중요하다.

자서전을 쓴다고 가정했을 때, 어린 시절의 일화, 성장 과정, 주요 경험, 생애의 변곡점 등을 어떤 순서와 구성으로 펼칠 것인지를 고려해야 한다.

플롯을 짤 때는 또한 독자가 느낄 감정 변화, 교훈 등도 함께 고려하는 것이 좋다. 이렇게 플롯을 통해 전체적인 틀을 만든 후에 작성을 시작하면, 글이 훨씬 구조적이고 읽기 쉬워진다. 무엇보다 플롯이 있으면 작성 과정에서 멈춤이 덜하다. 왜냐하면, 어떤 방향으로 글을 나아가야 할지 미리 생각해두었기 때문에 작성 중에 방향을 잃거나 막히는 일이 적다. 플롯을 세우는 작업은 이야기를 만드는 데 있어 꼭 필요한 과정이라고 할 수 있다.

글쓰기의 단계에서 플롯을 잘 설정하는 것은 이후의 전체 작업에 있어 중요한 역할을 한다. 플롯은 글의 뼈대라고 할 수 있으며, 그 뼈대가 탄탄해야 글 전체가 안정감을 가진다. 플롯을 잡을 때는 단순한 이야기의 흐름뿐만 아니라 각 장면에서의 미세한 긴장감, 캐릭터 간의 상호작용, 시간과 공간의 흐름까지도 고려해야 한다. 이는 특히 긴 작품이나 다중 플롯을 다룰 때 더욱 중요하다. 플롯을 설정하면서 어떤 메시지나 주제를 전달하고자 하는지 명확히 알고 있어야 그에 맞는 장면과 대사, 묘사를 적절히 배치할 수 있다.

플롯을 만들 때 가장 중요한 건 사건들이 자연스럽게 이어지게 하는 것이다. 갑작스러운 전개나 뜬금없는 결말은 독자나 관객을 혼란스럽게 만들 수 있다. 물론 예상치 못한 트위스트가 있어도 되지만, 그건 전체 이야기와 잘 어울려야 한다. 예를 들어 주인공이 어려운 상황을 극복하기 위해 노력하는 과정을 보여주고, 그 노력이 결실을 맺게 하는 것이 중요하다.

클라이맥스에서는 주인공의 결정이나 행동이 이야기에 큰 영향을 미쳐야 한다. 이는 주인공이 무엇을 배웠는지, 어떻게 성장했는지를 보여주는 좋은 기회다. 클라이맥스가 끝나면 결말로 이어져서 모든 사건이 마무리되어야 한다. 결말은 단순히 '끝'이 아니라 이전의 사건들로부터 얻은 교훈이나 메시지를 명확히 해주는 기회다.

플롯을 잘 만들어서 이야기의 흐름을 자연스럽게 하면, 독자나 관객은 주인공의 여정에 더 깊게 몰입할 수 있다. 이런 방식으로 플롯을 구성하면 이야기가 더 감동적이고 의미 있게 느껴질 것이다.

플롯을 계획할 때는 독자가 왜 이 이야기를 읽어야 하는지, 또는 어떤 메시지나 감정을 전달하고 싶은지도 고려해야 한다. 독자에게 메시지를 전달하려면 이야기의 각 부분이 그 메시지를 지지하고 강화해야 한다. 주인공이 '용기'에 대한 교훈을 얻는다면, 이야기의 각 장면과 사건, 대화 등도 그 주제를 뒷받침해야 한다.

특히 중간 부분에서는 주인공이 직면한 장애물이나 문제를 해결하는 과정을 자세히 보여줘야 한다. 주인공이 실패하거나 성공하는 모습을 통해 독자에게도 어떤 감정이나 교훈을 전달할 수 있다. 만약 주인공이 계속 실패만 한다면, 그것은 독자에게 '인내와 노력의 중요성'에 대한 메시지가 될 수 있다.

이 모든 과정을 거치면서도 가장 중요한 건 일관성이다. 캐릭터나 사건, 장소의 설명이 일관되지 않으면 독자는 이야기에서 빠져나갈 수 있다. 주인공이 한 장면에서는 높은 곳이 무서워서 못 올라가다가, 갑자기 다음 장면에서는 높은 곳에서 무언가를 하는 등의 일관성 없는 행동을 보이면, 독자는 그 불일치에 집중하게 될 것이다.

이렇게 플롯을 섬세하게 계획하고 실행하면, 이야기는 더욱 풍부하고 깊은 의미를 담을 수 있다. 독자나 관객은 작품에 더 감명을 받고, 작가 자신도 이야기를 통해 전하고자 했던 메시지나 감정을 효과적으로 전달할 수 있다.

플롯을 짜는 과정에서는 또한 자주 검토하고 수정하는 것이 좋다. 초안을 작성하면서 느끼는 흐름과 처음에 생각했던 흐름이 다를 수 있기 때문이다. 이때 유동성을 가지고 플롯을 조절하면, 더욱 완성도 높은 글을 작성할 수 있다.

플롯이 복잡해지면 이를 다이어그램이나 아웃라인으로 시각화하는 것도 도움이 된다. 이렇게 플롯을 시각적으로 정리하면 작은 논리적 결함이나 연결되지 않는 부분을 쉽게 발견할 수 있기 때문이다.

플롯을 잘 짜는 것은 이야기의 깊이와 풍부함, 글의 완성도를 높이는 데 있어 필수적인 작업이다. 글을 쓸 때는 이 플롯 설정 과정을 소홀히 하지 않는 것이 좋다. 이 과정을 통해 글쓰기는 단순히 '이야기를 전달하는 행위'에서 '예술적 표현'으로 끌어올릴 수 있다.

플롯을 잘 설정하면 작가 본인도 글쓰기에 몰입하기 쉽다. 글의 흐름과 구조가 머릿속에 명확해지면, 그 속에서 새로운 아이디어나 창의적인 요소가 쉽게 떠오를 수 있다. 특히 이야기에 등장하는 캐릭터나 상황이 복잡하거나 다양한 감정을 다룰 때, 플롯의 도움을 크게 받을 수 있다.

플롯을 설정하는 것은 단순히 '무엇이 일어날 것인가'를 결정하는 것 이상이다. 그것은 '왜 그런 일이 일어나는지', '그 결과로 무엇이 변하는지'까지도 고려하는 과정이다. 이런 과정을 통해 작가는 더 깊은 수준에서 주제나 메시지, 자신이 전하고자 하는 세계관까지도 명확하게 할 수 있다. 독자나 청중도 이런 노력을 통해 더 풍부하고 깊은 이해를 얻을 수 있게 된다.

물론 모든 글이 복잡한 플롯을 필요로 하는 것은 아니다. 때로는 단순한 플롯이 더 강한 메시지를 전달하는 경우도 있다. 그러나 플롯이라는 구조 안에서 자유롭게 창의적인 아이디어를 펼치는 능력은 어떤 종류의 글에서도 중요하다. 글을 쓰는 사람이라면 누구나 이런 능력을 키워나가야 할 것이다.

플롯을 설정하는 것은 개인적인 수준에서도 의미가 있다. 작가 본인이 자신의 생각과 감정, 심지어는 미해결된 문제나 갈등까지도 글에 담을 수 있는 기회가 된다. 이런 점에서 플롯은 단순히 글의 구성을 돕는 도구를 넘어 작가 자신의 내면세계와 대화하고 이해하는 수단으로도 작용한다.

플롯을 짜는 작업은 글쓰기의 여러 측면에서 중요한 역할을 하는 것으로 볼 수 있다. 이는 단순한 이야기의 흐름을 만들어내는 것에서부터 작가의 내면세계와의 깊은 대화에 이르기까지 글의 질과 깊이를 높이는 데 기여한다.

05
작성의 방법론

✏️ 작성 단계별 가이드

　작성 단계별 가이드는 글쓰기 과정을 효과적으로 관리하고, 작가가 자신의 목표와 논리를 명확하게 할 수 있는 도구로 활용될 수 있다. 초기 단계에서는 아이디어를 브레인스토밍하고, 그중에서 주제를 선정하는 것이 중요하다. 주제가 선정되면, 대략적인 플롯이나 구조를 설정해 보는 것이 좋다. 이는 글의 흐름을 미리 파악하고 필요한 정보나 자료를 어떻게 수집할지 계획하는 데 도움이 된다.

　다음으로 자료 수집과 리서치 단계가 이어진다. 이 단계에서는 글에 필요한 통계, 예시, 인용구 등을 찾아서 정리한다. 또한,

이러한 정보를 어떻게 효과적으로 사용할지도 미리 계획해 놓는 것이 좋다.

자료 수집이 끝나면 실제로 글을 쓰기 시작하는 단계로 넘어간다. 여기서는 앞서 설정한 플롯이나 구조를 따라 각 단락이나 장을 작성한다. 초기 버전을 작성한 후에는 여러 번의 수정과 리뷰 과정을 거쳐야 한다. 각 수정 단계에서는 문장을 다듬고, 논리를 명확히 하며, 필요한 부분에 추가적인 정보나 설명을 덧붙인다.

마지막으로, 글을 완성하고 나서는 다른 사람에게 피드백을 받는 것이 좋다. 신뢰할 수 있는 독자나 전문가의 의견은 글의 질을 높이는 데 큰 도움이 된다. 피드백을 받고 난 후에는 최종 수정을 거쳐 글을 완성한다.

이러한 작성 단계별 가이드는 단순히 글을 쓰는 과정을 체계화하는 것 이상의 의미를 가진다. 이는 작가가 자신의 생각과 논리를 명확하게 하고, 더 나은 통찰과 깊이 있는 내용을 만들어내는 데 도움을 주는 과정이다. 이러한 단계를 차근차근 따르면 글쓰기의 질을 향상시킬 수 있을 것이다.

글쓰기 단계를 체계적으로 진행한 후 최종 버전을 완성하더라도 그 과정은 여기서 끝나지 않는다. 완성된 글을 공개하기 전에 꼼꼼한 교정과 미세 조정이 필요하다. 문법적인 오류, 오타, 또는 불필요한 반복 등을 찾아 수정해야 하며, 이러한 작은 부분들이 모여 글의 전반적인 품질을 결정하게 된다.

이 단계에서는 글쓰기 도구나 언어 검사 프로그램을 활용할 수도 있다. 이런 도구들은 작가가 놓칠 수 있는 작은 오류들을 잡아주며, 더욱 전문적인 결과물을 만들 수 있도록 도와준다.

작성이 모두 끝난 후에는 자신이 쓴 글을 다시 한 번 읽어보면서, 읽는 이가 어떻게 느낄지를 상상해보는 것도 중요하다. 이는 작가 본인이 의도한 바와 독자가 실제로 어떻게 받아들이는지 사이의 간극을 좁히는 데 도움이 된다.

글을 완성하고 나면 그것을 어떻게 공유할지 고민해야 한다. 블로그, SNS, 전문 저널, 신문 등 다양한 플랫폼이 있으며, 각각의 플랫폼은 작가의 목적과 의도에 따라 적합하거나 부적합할 수 있다. 어디에 글을 발표할 것인지, 어떤 독자층을 겨냥할 것인지를 미리 고려하는 것이 좋다.

이렇게 여러 단계를 거쳐 완성된 글은 단순한 문자의 나열을 넘어, 작가의 논리와 판단, 무엇보다 '목소리'가 담긴 작품이 된다. 글쓰기는 결국 복잡한 생각과 정보를 체계적으로 정리하고, 그것을 효과적으로 다른 이와 공유하는 과정이다. 작성 단계별 가이드를 활용하면 이 과정을 더욱 능률적이고 명확하게 할 수 있을 것이다.

이제 글이 완성되고 공개되면 작가는 다음 단계로 넘어가게 된다. 피드백 수집과 반영. 실제로 작가가 글을 얼마나 잘 썼는지, 목적과 의도가 잘 전달되었는지를 알기 위해서는 독자로부터의 반응을 살펴봐야 한다. 좋은 피드백은 글을 더욱 발전시키고 작가 스스로의 성장을 촉진하는 중요한 역할을 한다.

독자의 피드백을 얻기 위해 여러 방법이 있다.

첫째, 글을 공유한 플랫폼에서 댓글이나 리뷰를 확인할 수 있다.

둘째, 글을 읽은 사람들에게 직접 의견을 물어보는 방법도 있다.

이외에도 온라인 설문조사나 소셜 미디어를 통해 더 넓은 범위의 피드백을 얻을 수도 있다.

피드백을 수집한 뒤에는 그것을 어떻게 반영할지 고민해야 한다. 모든 피드백이 긍정적이라면 좋겠지만, 현실은 그렇지 않을 수 있다. 부정적인 피드백에 대해서는 무작정 거부하는 것보다는 그것이 내 글에서 어떤 문제점을 지적하는지 고민해보고 개선할 방법을 찾는 것이 중요하다. 이 과정에서 작가는 자신의 글쓰기 스킬을 더욱 향상시킬 수 있으며, 독자와 더욱 깊은 연결을 맺을 수 있다.

모든 단계를 거쳐 최종적으로 완성된 글은 단순한 텍스트 이상의 가치를 지닌다. 그것은 작가의 생각과 감정, 지식과 경험, 노력과 시간이 증명하는 작품이 된다. 더 나아가 그 작품을 통해 작가는 다른 사람들과 소통하고, 어떤 경우에는 사회적인 변화나 인식의 전환을 이끌어낼 수도 있다. 이렇게 볼 때, 체계적인 작성 단계별 가이드를 따르는 것은 단순히 '글을 쓰는' 것을 넘어 '작품을 만드는' 과정이 될 수 있다. 그렇기에 각 단계를 신중하게 고려하고 효과적으로 진행하는 것이 글쓰기의 질을 높이는 지름길이다.

🖍 내러티브 방식으로 글을 써라

지금까지 형식적으로 어떤 형태를 갖추어서 글을 써야 하는지를 말했다면, 이제부터는 글에 기교를 넣는 방법을 살펴보겠다.

먼저 내러티브 방식으로 글을 써보기를 권한다. 이 방식의 글쓰기는 이야기를 중심으로 한다. 이 방식을 사용하면 개인의 경험, 사건, 아이디어를 독자에게 직접적이고 감동적으로 전달할 수 있다. 이렇게 하려면 먼저 이야기에 나오는 주인공을 설정해야 하며, 그들이 어디에서 무슨 일을 하는지에 대한 시간과 장소를 구체적으로 설정하는 것이 좋다.

이야기가 어떻게 진행되는지, 주인공이 어떤 문제에 봉착하고 그 문제를 어떻게 해결하는지를 구체적으로 풀어나가면 독자는 글에 더 몰입할 수 있다. 여기서 중요한 건 갈등이다. 갈등은 이야기를 더 흥미롭고 복잡하게 만든다. 마지막으로 이야기의 결말은 주인공이 무엇을 배웠는지, 어떻게 변했는지를 나타내면 독자에게 더욱 인상 깊은 메시지를 전달할 수 있다.

글을 쓸 때는 하나 또는 두 가지 주요한 아이디어나 테마에 집중하는 것이 좋다. 그리고 그 아이디어나 테마를 지원하는 세부 정보와 사건을 추가한다. 사건을 논리적이고 이해하기 쉬운 순서로 배열하면 독자는 글을 더 쉽게 따라갈 수 있다.

물론, 상세한 설명도 중요하다. 독자가 상상력을 발휘해서 글의 인물이나 상황을 머릿속에 그릴 수 있도록 상세한 정보를 제공한다. 이때 복잡하거나 어려운 문장은 피하고, 핵심을 명확하게 전달하는 것이 중요하다.

자신만의 스타일과 목소리를 찾아 이야기를 독특하게 만들어 보는 것도 중요하다. 이렇게 하면 이야기는 독자에게 더 감동적으로 다가갈 수 있고, 글이 그에 따라 더 인상 깊게 남을 것이다.

내러티브 글쓰기 방식은 이야기를 통해서 정보나 메시지를 전달하는 방법이다. 이 방식을 사용하면 독자가 글에 감정적으로 더 잘 연결되고, 복잡한 주제도 이해하기 쉬워진다.

기후 변화에 대한 이슈를 설명할 때, 과학적인 데이터와 통계만 나열하는 것보다는 한 농부의 실제 경험을 중심으로 글을 쓴다면, 독자는 이 문제에 대해 더 심도 있게 이해할 수 있다. 농부가 겪는 작물의 수확량 감소나 이상 기온 등을 직접적으로 보여주면서 이야기를 전개한다면 기후 변화가 어떻게 일상생활에 영향을 미치는지 더 잘 이해하게 될 것이다.

내러티브 글쓰기 방식은 이렇게 독자의 감정과 이해를 동시에 깊게 만들 수 있어 다양한 분야에서 효과적으로 사용되고 있다.

물론 내러티브 글쓰기 방식은 모든 상황에 적합한 것은 아니다. 과학 논문이나 법률 문서에서는 이 방식이 적절하지 않을 수 있다. 하지만 일반 대중을 대상으로 한 글, 블로그, 잡지 기사, 또는 오피니언 컬럼에서는 이 방식이 효과적이다.

그러나 이 방식을 사용할 때 주의할 점은 무엇이 진실이고 무엇이 이야기인지 명확하게 구분해야 한다는 것이다. 내러티브 글쓰기는 강력한 도구일 수 있지만, 잘못 사용하면 허구와 사실을 혼동할 위험이 있다. 그래서 사실 기반의 정보를 제공할 때는 출처를 명확하게 밝히고, 가능한 한 객관적인 데이터를 제시하는 것이 중요하다.

내러티브 글쓰기는 독자를 글의 주인공이나 이야기에 빠져들게 만들 수 있기 때문에 감정의 이입이 크다. 이는 복잡하거나 지루할 수 있는 주제를 흥미롭고 접근하기 쉽게 만든다. 건강에 대한 중요성을 일반적인 데이터와 통계로만 이야기하는 것이 아니라, 한 사람의 건강 개선 여정을 중심으로 글을 작성한다면 독자는 그 사람의 경험을 통해 건강의 중요성을 더욱 체감할 수 있을 것이다.

내러티브 글쓰기 방식은 메시지를 강하고 생생하게 전달할 수 있는 도구다. 이를 통해 독자는 더 쉽게 정보를 받아들이고, 그 정보가 왜 중요한지를 이해할 수 있다. 이런 이유로 많은 작가와 저널리스트, 마케터들이 내러티브 방식을 자주 사용하는 것이다.

내러티브 글쓰기는 또한 다양한 미디어와 플랫폼에서도 유용하다. 팟캐스트나 유튜브 영상, 심지어는 인포그래픽에서도 이러한 스토리텔링 방식을 적용할 수 있다. 이는 내러티브가 본질적으로 인간의 이야기를 중심으로 하는 방식이기 때문에 다양한 형태의 콘텐츠에 쉽게 적용될 수 있다.

그러나 내러티브 글쓰기에는 몇 가지 주의할 점도 있다. 이 방식이 감정적인 이입을 쉽게 만든다는 것은 동시에 독자나 청중을 너무 감정적으로 만들어 목적이나 메시지를 흐릴 수도 있다. 감정과 사실, 또는 의견과 정보 사이의 균형을 잘 유지하는 것이 중요하다.

스토리를 너무 복잡하게 만들거나 주인공이나 상황을 과도하게 이상화하면, 독자는 이야기에서 멀어질 수 있다. 내러티브의 힘은 그것이 얼마나 사실에 가까운지, 독자가 그 이야기에 얼마나 공감할 수 있는지에 달려 있다. 본인의 이야기나 타인의 이야기를 작성할 때는 가능한 현실적이고 진솔한 방향으로 접근하는 것이 바람직하다.

내러티브 글쓰기는 글쓴이의 목소리를 분명하게 드러낸다. 이는 글쓴이가 독자와 더 강한 연결을 형성할 수 있게 해주지만, 그만큼 글쓴이의 성향이나 편견도 노출될 가능성이 있다. 이러한 방식으로 글을 쓸 때는 자신의 목소리와 메시지가 어떻게 전달될지 신중히 고려해야 한다.

내러티브 글쓰기는 크고 작은 이야기를 효과적으로 전달할 수 있는 강력한 도구다. 이 방식을 이해하고 적절히 활용한다면, 더 많은 사람들을 본인의 이야기나 메시지에 끌어들일 수 있다. 그러나 이를 위해서는 몇 가지 기본원칙과 주의사항을 지켜야 할 필요가 있다. 이를 잘 활용하면, 독자나 청중과 더 깊고 의미 있는 관계를 형성할 수 있을 것이다.

= 예시

다음은 내러티브 방식을 가미한 글쓰기다.

> 나는 어린 시절, 할아버지와 함께한 여름 휴가에 대한 기억을 떠올린다. 해가 뜨는 아침마다, 할아버지는 나를 일어나게 하며 "오늘은 무엇을 하고 싶니?"라고 묻곤 했다. 그럴 때마다 나는 들뜨며 다양한 생각이 마음을 지배했다.
> 한 날은 낚시에 나가 보기로 했다. 할아버지는 작은 배를 타고 나를 호수 중앙으로 데려다주셨다. 물고기를 낚는 것은 내게 새로운 경험이었다. 하지만 할아버지는 차분하게 가르쳐 주시며, 나는 첫 번째 물고기를 잡았을 때의 그 기쁨을 잊을 수 없다.
> 그다음 날, 함께 숲으로 걸어갔다. 할아버지는 나무들 사이로 길을 내며 다양한 동물과 식물에 대해 이야기해 주셨다. 우리는 새 소리와 바람 속에서 나는 잎사귀의 소리를 듣고 자연 속에서의 평화로움을 느꼈다.
> 시간이 흘러 휴가가 끝날 즈음, 나는 할아버지에게 얼마나 감사한 마음인지 표현했다. 그에게 얻은 경험들은 나의 성장과 배움으로 이어졌다. 할아버지는 나에

> 게 언제나 존중과 지혜를 전해 주셨으며, 그 여름은 나에게 소중한 추억으로 남아 있다.

내러티브 방식으로 글을 쓰면, 이야기를 직관적으로 전달할 수 있다.

> 여름이 시작되었다. 햇빛이 아침마다 창문 너머로 내 방을 밝힌다. 나는 어릴 적 할아버지와 보낸 그 여름을 떠올린다. 그때의 일상은 지금도 선명하게 내 맘에 남아 있다.
> 가장 기억에 남는 것은 할아버지와 함께한 낚시였다. 마을 근처 호수로 향하는 길은 나에게 모험과 기대로 가득한 시간이었다. 할아버지는 작은 나무배를 준비하고, 나는 붉은 모자를 쓰고 배를 타며 바람을 맞았다. 물결이 천천히 배를 흔들었고, 내가 던진 낚시줄은 물에 스며들었다. 그때부터 낚시에 빠져들게 되었다. 호수 한가운데에서 낚시를 하면서 시간은 멈춘 듯했다. 할아버지는 물고기 이야기와 함께 어릴 때 그가 겪었던 이야기들을 나눠 주셨다. 물고기가 걸릴 때마다 내 안에 있는 미소는 점점 커졌고, 그 기쁨은 이불

> 처럼 따뜻하게 나를 감싸주었다.
> 낚시 이외에도 함께한 숲속 산책은 잊을 수 없는 경험이었다. 할아버지는 나에게 각 나무와 식물에 대한 이야기를 들려주셨다. 도토리나무 아래에서 귀여운 다람쥐들을 발견하거나 바람이 부는 소리와 새들의 노래에 귀 기울이며 자연 속에서의 평화를 느꼈다.
> 여름 휴가가 저물어가는 날, 나는 할아버지에게 그 어떤 말로도 표현할 수 없는 감사함을 느꼈다. 그 여름은 나에게 지혜와 성장을 선물해 주었다. 할아버지는 늘 존중과 사랑으로 나를 돌봐 주셨다. 그날들은 나의 소중한 추억으로 남아 있으며, 할아버지의 지혜는 지금도 나의 인생을 빛나게 한다.
> 내게는 그 여름의 이야기가 있다. 작은 순간들이 큰 감동으로 이어진 그 이야기는 나의 세상을 더욱 풍요롭게 만들어주었다.

이와 같이 전체적인 내러티브 글을 통해 이야기가 흘러가듯이 전달되는 느낌을 느낄 수 있다. 이야기 속 주인공의 경험과 감정, 주변 환경을 자세하게 묘사함으로써 독자의 공감과 몰입을 이끌어낼 수 있다.

= 예시

외부 자료를 인용할 때의 내러티브 방식을 적용한 사례다.

다니엘은 논문을 작성하는 중이었다. 지금까지는 뭔가 빠져 있는 느낌이 들었는데, 그의 지도교수가 한마디 했다.
"당신의 논문에는 신뢰성이 부족해. 출처를 밝히면 독자가 더 신뢰할 거야."
다니엘은 문득 프란시스 베이컨의 말이 떠올랐다.
"지식은 권력이다."
그는 이 문장을 따옴표로 감싸 그의 논문에 삽입했다. 바로 다음에는 출처까지 표기했다.
다니엘은 또한, 여러 연구 데이터와 통계를 논문에 넣기로 결정했다. 그는 이렇게 말하면서 그래프와 데이터를 첨부했다. "2020년의 연구에 따르면, 60%의 사람들이.." 그 뒤에는 꼼꼼하게 출처를 밝혔다.
다니엘이 인용한 여러 이미지와 그래프 아래에도 출처를 명확하게 표기했다.
"출처를 표기하는 것만으로도 논문의 질이 훨씬 높아진다는 게 느껴져."

> 다니엘은 지도교수에게 소감을 전했다.
> "출처를 표기하는 것은 당신의 논문뿐만 아니라, 어떤 글이든 그 신뢰성을 높이는 기본적인 방법이야."
> 지도교수는 미소를 지으며 말했다.

이렇게 내러티브 방식을 통해 외부 자료를 인용하는 방법의 중요성과 방법을 보다 쉽고 흥미롭게 설명할 수 있다. 이러한 스토리텔링 방식은 독자가 글을 더 재미있게 읽고, 핵심 포인트를 더 쉽게 이해할 수 있게 도와준다.

✏️ 오감을 이용해서 써라

오감을 이용한 글쓰기는 독자나 청중이 더욱 생생하게 이야기에 몰입할 수 있도록 돕는 탁월한 방법이다. 시각, 청각, 후각, 미각, 촉각이라는 다섯 가지 감각을 통해 이야기를 더 풍부하고 다양하게 만들 수 있다.

시각을 이용하면 색깔, 모양, 크기와 같은 눈에 띄는 요소를 표현할 수 있다. 예를 들어 "노을이 지는 하늘은 붉은색과 주황색으로 물들었다."는 문장은 독자에게 그 장면을 더 자세하게 상상하게 한다.

청각은 소리의 높낮이, 강도, 리듬 등을 통해 분위기를 생성한다. "밤의 고요함을 깨뜨리는 소리는 나뭇잎 사이로 스며드는 바람뿐이었다."라고 작성하면, 독자는 그 고요한 밤의 분위기를 느낄 수 있다.

후각을 이용하면 공간의 냄새나 향기를 표현할 수 있어 독자가 더욱 현장에 있는 것 같은 느낌을 받을 수 있다. "고소한 커피 냄새가 방 안 가득 퍼져 있었다."라는 문장은 특정한 냄새를 떠올리게 해주며, 그로 인해 독자의 몰입을 높인다.

미각은 음식이나 음료의 맛을 설명함으로써 독자에게 더 구체적인 경험을 제공한다. "산딸기는 입안에서 달콤하고 새콤한 맛을 뿜어냈다."는 문장은 그 맛을 직접 체험하는 것처럼 느끼게 한다.

촉각은 물체의 질감이나 온도를 통해 더 실제감 있는 묘사를 가능하게 한다. "모래사장은 발아래에서 부드럽게 느껴졌다."는 문장은 독자에게 그 느낌을 상상하게 만든다.

오감을 통한 글쓰기는 이러한 감각적인 요소들을 통합해 이야기를 더 생생하고 현실감 있게 만든다. 이런 방식을 활용하면 독자나 청중은 단순히 이야기를 '알고' 있을 뿐만 아니라 '느끼게' 되며, 이야기에 더 깊게 몰입하게 된다.

오감을 이용한 글쓰기의 중요한 측면 중 하나는 이러한 감각적인 요소가 전체적인 이야기나 메시지와 어떻게 연결되는지를 이해하는 것이다. "고소한 커피 냄새가 방 안 가득 퍼져 있었다."라는 문장이 있다면, 이 문장이 그 챕터나 이야기에서 어떤 역할을 하는지가 중요하다. 커피 냄새가 주인공에게 특별한 추억을 떠올리게 하는가, 아니면 그냥 일상의 일부를 묘사하는가.

오감을 이용한 글쓰기는 또한 상황에 따라 감각적인 요소의 중요도를 조절해야 한다. 만약 장소나 상황이 주된 이야기의 중심이 아니라면, 너무 많은 감각적인 묘사는 오히려 독자를 혼란스럽게 할 수 있다. 반면 주요 장면이나 중요한 순간에서는 오감을 통한 묘사를 더욱 강화해 그 중요성을 강조할 수 있다.

일반적으로 오감을 통한 글쓰기는 이야기를 더 풍부하고 다채롭게 만들어주지만, 그 자체가 목적이 되어서는 안 된다. 오감적인 묘사는 전체 이야기나 메시지를 뒷받침하고 강화하는 역할을 해야 하며, 단순히 '아름다운 문장'을 만들기 위한 수단이 되어서는 안 된다.

오감을 이용한 글쓰기를 할 때는 각각의 감각적인 묘사가 이야기 전체에서 어떤 의미를 가지고, 어떻게 독자의 이해나 몰입을 높일 수 있는지를 항상 고려해야 한다. 이렇게 하면 오감을 이용한 글쓰기는 단순한 묘사를 넘어서 이야기 자체를 더욱 리얼하고 매력적으로 만들어 줄 것이다.

오감을 이용한 글쓰기는 작가 자신의 경험과 관찰 능력에 크게 의존한다. '행복한 순간'이라는 주제를 다룰 때 보는 것, 듣는 것, 느끼는 것, 맛보는 것, 냄새를 맡는 것 등 다양한 감각을 통해 행복을 어떻게 묘사할지 생각해볼 수 있다. 행복한 순간을 묘사하는 과정에서 '따스한 햇살', '새의 노래', '부드러운 풀밭', '달콤한 아이스크림', '신선한 꽃 냄새' 등을 어떻게 조합하고 연결할지 고민한다면, 이는 작가가 자신의 감각적 경험을 토대로 독자에게 그 경험을 전달하는 하나의 방법이 될 수 있다.

물론 오감을 이용한 글쓰기에는 주의점도 있다. 감각적인 묘사가 너무 과해지거나 특정 감각에만 치우치면 이야기의 흐름을 방해할 수 있다. 또한, 감각적인 묘사를 하다 보면 클리셰에 빠질 위험이 있다. 따라서 오감을 적절하고 균형 있게 사용하는 것이 중요하다.

　오감을 이용한 글쓰기의 목적은 결국 독자가 '그곳에 있었다고 느끼게 하는 것'이다. 이렇게 하면 독자는 단순히 글을 읽는 것을 넘어서 작가가 전하려는 메시지나 감정에 더 깊게 몰입할 수 있다. 이것은 비단 소설이나 시 같은 창의적 글쓰기뿐만 아니라 신문 기사, 블로그 포스트, 비즈니스 보고서 등 다양한 글쓰기 형태에서도 유용하게 적용될 수 있다.

= 예시

　아름다운 일몰을 다루는 글에서 오감을 이용해 묘사한다면 다음과 같이 작성할 수 있다.

> 그날은 날씨가 맑았다. 바다 위로 떠오른 태양이 천천히 물속으로 사라져가고 있었다. 따스한 햇살이 얼굴을 감쌌고, 그 빛은 주변을 붉은빛으로 물들였다. 이렇게 아름다운 광경을 본 적이 없어 놀라움과 감동으로 가득 찼다. 바다에서는 소금기와 물결의 향이 섞여 상쾌한 냄새가 났다. 먼바다로 뻗어가는 파도는 조용히 밀려와 발바닥을 적셨다. 그 물결의 소리는 귀에 닿을 때마다 마음을 평온하게 만들었다.

> 그 순간, 바다에서 들려오는 물결 소리와 함께 멀리서는 새들이 지저귀며 노래를 하고 있었다. 그 소리는 이 아름다운 일몰을 완성해주는 마지막 퍼즐 조각처럼 느껴졌다.
> 눈앞의 일몰은 달콤한 오렌지주스를 마시는 것과 같은 느낌을 주었다. 그런 맛은 입안에서 퍼져 뭔가 행복한 것, 감동적인 것을 경험하고 있다고 느끼게 해주었다.

이렇게 오감을 이용해 일상의 한순간을 묘사하면, 독자는 작가가 경험한 감정과 장면을 더 생생하게 느낄 수 있다. 다양한 감각을 통해 이야기의 질감을 느끼게 하는 것이 오감을 이용한 글쓰기의 큰 장점이다.

스토리텔링으로 작성하라

스토리텔링 방식의 글쓰기는 이야기의 형태를 빌려 문제를 제시하고, 해결 방안을 모색하거나, 특정 사건을 묘사함으로써 감정이나 메시지를 효과적으로 전달한다. 이러한 방식은 독자가 글에 더 쉽게 몰입하고, 작가의 의도나 메시지를 더 깊게 이해할 수 있도록 도와준다.

'시간 관리의 중요성'이라는 주제를 다룰 때 일반적인 교육적인 글보다는 스토리텔링을 활용하면 다음과 같이 될 수 있다.

= 예시

> 존은 항상 바쁘다고 느꼈다. 그의 하루는 이메일 확인으로 시작해, 미팅, 보고서 작성, 고객 응대 등으로 이어졌다. 그러나 하루가 끝날 때면 뭔가 제대로 된 것이 없다는 느낌에 허전함을 느꼈다.
>
> 어느 날 그는 테디라는 친구와 점심을 먹었다. 테디는 스마트워치를 차고 있어 그의 하루 일과가 정확하게 스케줄되어 있다는 것을 알게 되었다. 테디는 존에게 '시간은 금'이라는 말처럼 시간을 잘 관리하면 생활이 훨씬 편해진다고 설명했다.
>
> 존은 테디의 말에 영감을 받아 그 다음날부터 시간을 철저히 관리하기 시작했다. 그 결과 하루가 끝날 때마다 이루어진 일들에 대한 만족감을 느꼈고, 생활이 전반적으로 긍정적으로 바뀌었다.

이렇게 스토리텔링 방식을 사용하면, '시간 관리의 중요성'이라는 주제를 독자에게 더 깊고 생생하게 전달할 수 있다. 이 방식은 이해가 쉽고 기억에 오래 남으며, 독자가 주제에 대해 더 관심을 가지게 만든다.

스토리텔링 방식으로 글을 작성하면 독자는 이야기에 더 쉽게 몰입하고 주제나 메시지를 더 잘 이해한다. 이 방식은 특히 복잡하거나 지루할 수 있는 주제를 다룰 때 유용하다. 존의 이야기를 통해 시간 관리의 중요성을 알 수 있다. 독자는 이야기에 몰입해 시간 관리의 중요성을 알게 되고, 이를 자신의 생활에 적용하려고 한다.

스토리텔링 방식은 이러한 장점 때문에 많이 사용된다. 이야기는 사람들에게 익숙한 형태이므로 정보나 메시지를 더 쉽게 받아들인다. 또한, 이야기가 재미있어 독자의 기억에도 오래 남는다.

글을 작성할 때 스토리텔링 방식을 고려하는 것이 좋다. 복잡하거나 어려운 주제도 이 방식을 통해 쉽고 재미있게 전달할 수 있다.

스토리텔링 방식은 감정의 표현에도 도움을 준다. 전통적인 글쓰기 방식에서는 감정을 직접적으로 표현하기 어려울 수 있다. 하지만 스토리텔링을 통해 캐릭터의 감정을 묘사하면 독자도 같은 감정을 느낄 수 있어 글의 메시지를 더 깊이 이해하게 된다.

글에서 환경 보호의 중요성을 이야기하고 싶다면, 환경 파괴의 심각성을 직접적으로 나열하기보다는 한 마을의 사람들이 어떻게 환경 파괴로 인해 고통받는지를 묘사하면 더 효과적이다. 이런 방식으로 글을 작성하면 독자는 단순히 정보를 받는 것을 넘어서 실제로 느끼며 배운다.

스토리텔링은 복잡한 구조와 전개가 필요할 수도 있지만, 꼭 그런 것은 아니다. 간단한 일화나 예시만으로도 큰 효과를 볼 수 있다. 중요한 것은 이야기가 주제나 메시지와 어떻게 연결되는지, 이를 통해 독자에게 어떤 가치를 전달하려고 하는지를 명확히 하는 것이다.

　글을 작성할 때 스토리텔링 방식을 적용하려면 먼저 어떤 메시지를 전달하고 싶은지 명확히 해야 한다. 그 다음 주인공, 배경, 문제 등 이야기의 주요 요소를 설정한다. 이후 이 요소들이 어떻게 상호작용하는지를 생각하며 글을 구성한다.

　스토리텔링은 단순히 재미를 주기 위한 수단이 아니다. 이는 복잡한 정보나 추상적인 개념을 구체적이고 이해하기 쉬운 형태로 전달하는 강력한 도구다. 따라서 다양한 분야와 주제에서 활용할 수 있으며, 특히 독자의 관심을 끌고 메시지를 효과적으로 전달하고자 할 때 유용하다.

　그러나 스토리텔링 방식을 사용할 때 몇 가지 주의할 점이 있다.

　첫째, 이야기가 복잡해지지 않도록 주의해야 한다. 너무 많은 캐릭터나 뒤얽힌 사건들을 도입하면 독자가 주목해야 할 메시지에 집중하기 어렵다.

　둘째, 스토리가 글의 주제나 목적과 잘 연결되어야 한다. 스토리가 흥미롭더라도 주제와 연관이 없다면 그저 재미있는 이야기에 그치게 될 것이다.

　셋째, 스토리를 통해 전하고자 하는 메시지나 가치가 명확해야 한다. 이는 글을 작성하기 전에 충분한 계획과 구조화가 필요하다. 예를 들어, 독자에게 어떤 행동을 취하게 하고 싶다면, 이야기의 결말 부분에서 그 행동의 중요성이나 긍정적인 결과를 보여주는 것이 좋다.

넷째, 독자가 이야기 속에 몰입할 수 있도록 글을 작성한다. 이를 위해 묘사, 대화, 내부 모놀로그 등 다양한 문장 구조와 표현을 활용할 수 있다.

다섯째, 스토리가 자연스럽게 흐르도록 논리적인 전개와 결론이 필요하다. 이야기의 시작, 중간, 끝이 자연스럽게 이어져야 독자가 글을 끝까지 읽을 것이다.

이러한 원칙들을 지키면 스토리텔링 방식의 글쓰기는 독자에게 강한 인상을 남기고 글의 목적을 효과적으로 전달할 수 있다. 단순히 정보를 나열하는 것보다 이야기 형식으로 정보를 전달하면 독자는 그 정보를 더 오래 기억하고 실제 생활에 적용하는 데 도움을 받을 수 있다.

= 예시

글의 주제가 '용기에 대한 이해'라고 할 때, 단순히 "용기란 무엇인지, 왜 중요한지" 등을 설명하는 대신, 한 명의 캐릭터를 통해 이를 묘사할 수 있다.

제목: "용기 없는 레오, 그리고 변화의 순간"

레오는 평범한 중학생이었다. 그러나 그에게는 큰 문제가 있었다. 바로 '용기'가 없다는 것이었다. 레오는 항상 친구들 사이에서도 뒤로 물러나곤 했다.
그러던 어느 날, 학교에서 운동회가 열렸다. 레오는 당연히 참가하지 않을 생각이었다. 그런데 친구인 제니가 다가와 말했다.
"레오, 너도 이번에 참가해봐. 재밌을 거야."
레오는 내심 거부감을 느꼈지만, 제니의 눈을 보고 더 이상 거절할 수 없었다.
"그래, 해볼게."
레오는 대답했다.
운동회 당일, 레오는 가슴 떨리는 마음으로 경기장에 섰다. 첫 번째 게임, 두 번째 게임… 레오는 별다른 성과 없이 게임을 마쳤다.
마지막 게임이 '배럴 레이싱'이었다. 레오는 두려움을 느꼈지만, 그때 제니의 말이 떠올랐다.
"재밌을 거야."
레오는 깊게 숨을 들이마신 뒤, 용기를 내서 뛰어갔다. 결과는 놀라웠다. 그는 두 번째로 골인했다.

이렇게 스토리를 통해 '용기'라는 주제를 다루면, 독자는 레오의 변화와 성장을 통해 '용기'의 중요성을 자연스럽게 느낄 수 있다. 이러한 방식은 단순한 정보 전달보다 훨씬 강력한 메시지를 전달하는 수단이 될 수 있다.

이 이야기는 배경 설정, 촉발 사건, 중요한 결정, 결과와 성찰이라는 4개의 소주제로 나누어 스토리텔링 방식으로 썼다.

배경 설정: 레오는 평범한 중학생이지만, 그에게는 큰 문제가 있다. 그는 다소 소심하고 용기가 없다. 이 때문에 레오는 자주 친구들 사이에서 뒤로 물러나곤 한다.

촉발 사건: 어느 날, 학교에서 운동회가 개최된다. 레오는 당연히 참가하지 않을 생각이지만, 친구인 제니가 레오에게 운동회 참가를 권한다.

중요한 결정: 레오는 운동회 참가에 대해 고민하다가, 최종적으로 제니의 권유를 받아들인다. 이것은 레오에게 있어서 큰 용기를 낸 순간이다.

결과와 성찰: 운동회에서 레오는 자신의 한계를 뛰어넘는 경험을 한다. 특히 마지막 게임인 '배럴 레이싱'에서 놀라운 성과를 거두며, 용기의 가치를 깨닫게 된다.

이런 식으로 구성된 스토리는 '용기'라는 주제를 단순히 설명하는 것보다 훨씬 더 깊고 생생하게 독자에게 전달할 수 있다. 레오의 이야기를 통해, 용기가 어떻게 한 사람의 삶을 바꿀 수 있는지를 체험적으로 느낄 수 있게 되는 것이다.

✏️ 서사와 묘사를 적절히 조화시켜라

서사와 묘사는 글쓰기에서 빠질 수 없는 두 축이다. 서사는 이야기의 뼈대를 형성해 어떻게 전개되는지 결정하고, 묘사는 그 뼈대에 살을 붙여 캐릭터나 상황, 감정을 구체적으로 나타낸다. 서사는 독자에게 어떤 메시지나 교훈을 전달하고자 하는 목적성을 가지며, 묘사는 이를 세부적으로 채워 넣어 독자가 더 강하게 몰입하고 공감할 수 있도록 도와준다. 이 두 가지 요소가 잘 조화되면, 글은 더 풍부하고 감동적으로 다가오게 된다.

서사와 묘사가 적절히 조화되면 글이 훨씬 더 생동감 있고 흥미로워진다. 서사는 일련의 사건이나 경험을 연결하는 논리적인 구조를 제공해 독자가 쉽게 이해하고 따라갈 수 있게 도와주는 반면, 묘사는 각 사건이나 경험에 깊이와 색깔을 더해 이야기가 훨씬 더 실제 같고 완성도 있게 만든다. 어떤 글을 작성할 때, 이 두 요소를 잘 활용해야 독자의 관심을 유지하고 메시지를 효과적으로 전달할 수 있다.

여행 글을 작성한다고 가정해보자. 서사 없이 묘사만으로 글을 쓴다면, 그것은 아름다운 풍경이나 느낌에 대한 장문의 묘사일 뿐, 어떤 명확한 메시지나 흐름이 누락될 것이다. 반면 서사만 강조하고 묘사를 무시한다면, 글은 지나치게 단조로워지고 개성이 떨어질 것이다.

여행의 목적과 계획, 그 과정에서 얻은 깨달음 등을 서사로 구성하고, 각 지점에서의 특별한 경험, 느낀 감정, 만난 사람들의 모습과 감정 등을 묘사로 채워 넣는다면, 그 글은 독자에게 더 많은 가치와 의미를 전달할 것이다.

이렇게 서사와 묘사를 적절히 조화시키면 글은 단순한 정보 전달 수단을 넘어 예술적인 창작물이 될 수 있다. 더 나아가 글쓰기는 개인의 생각과 감정, 그것을 표현하는 방식을 성장시키는 중요한 과정이 되며, 이를 통해 자신만의 목소리를 찾을 수 있다.

서사와 묘사를 잘 조화시키는 것은 다양한 글쓰기 형태에서도 동일하게 적용될 수 있다. 기사나 논문, 광고나 소셜 미디어 포스팅에서도 이 두 요소는 매우 중요하다. 기사나 논문에서는 사실과 데이터를 논리적으로 배열하는 서사가 중심이 되지만, 사례나 인용을 통한 묘사를 적절히 활용하면 그 내용은 훨씬 더 풍부해지고 인상적인 글이 된다.

광고나 마케팅 콘텐츠에서도 이 원칙은 그대로 적용된다. 제품이나 서비스의 특징을 나열하는 것도 중요하지만, 그것을 어떻게 사용해 얻을 수 있는 이점이 무엇인지를 실제적인 사례나 상황을 묘사해 보여주면 그 메시지는 더욱 강력해진다.

서사와 묘사의 균형은 글의 목적이나 장르, 독자의 기대에 따라 다르게 설정될 수 있다. 하지만 무엇보다 중요한 것은 이 두 요소를 어떻게 효과적으로 활용할 것인지를 미리 계획하고, 그 계획에 따라 글을 구성하는 것이다. 이렇게 하면 글쓰기는 단순한 '쓰기'를 넘어 '표현의 예술'로 거듭날 수 있다. 글을 쓸 때는 항상 이 두 요소가 어떻게 조화를 이루고 있는지를 신중하게 고려하면서 작업하자.

= 예시

한 여름날의 아름다운 해변을 서사와 묘사를 적절히 조화시켜서 표현한다면 다음과 같을 수 있다.

> 제주도의 한 작은 해변가에서 시간은 마치 더디게 흐르는 것만 같았다. 해변은 여느 해변과 마찬가지로 사람들로 붐볐고, 모래 위에는 어린아이들이 쌓은 작은 모래성이 있었다. 그러나 이곳만의 특별함이 무엇인지 찾아보기 위해 주변을 둘러보았다.
> 바다에는 붉은 노을이 비치고 있었다. 그 순간, 공기 중에는 싱그러운 바닷물 냄새와 함께 그윽한 분위기가 느껴졌다. 하늘에는 갈매기가 날고 있었는데, 그 모습은 마치 무엇인가를 찾아 헤매는 듯했다.

> 해변가에 앉아 있던 한 남자가 눈에 띄었다. 그는 마치 이 모든 것을 담고자 하는 듯, 노을을 바라보고 있었다. 그의 눈동자에 비친 노을은 마치 그 자체로 하나의 아름다운 그림 같았다. 그 순간, 나는 무언가를 깨달았다. 이 해변의 눈부신 아름다움은 단순한 자연의 웅장함이 아니라, 그것을 바라보는 이들의 눈에서 비롯된 것이었다.

여기서 해변과 노을, 사람들과 그 분위기는 서사적인 요소로 꾸며져 있으며, 갈매기의 날갯짓, 노을이 비치는 바다, 남자의 눈동자 등은 묘사를 통해 더욱 생동감 있게 표현되고 있다. 이러한 서사와 묘사의 조화가 이야기를 더욱 풍부하고 인상적으로 만들어 준다.

서사와 묘사의 적절한 조화는 독자에게 이야기의 풍경을 그려주고 감정을 느끼게 한다. 서사는 이야기의 흐름을 주도하며 묘사는 그 풍경이나 인물에 깊이를 추가한다. 적절한 조화는 이 둘 사이의 긴장을 풀어주고, 한쪽이 지나치게 다가가면 이야기가 너무 지루하거나, 반대로 너무 빠르게 느껴질 수 있다.

여행 에세이를 쓴다고 가정하자. 여러분은 일본의 작은 시골 마을을 방문했고 그곳에서 겪은 다양한 경험을 공유하려고 한다. 만약 단순히 일어난 일들을 나열한다면, 이는 단지 사건의 연속일 뿐이다. 하지만 그 마을의 아침 풍경을 자세히 묘사하고, 노인과의 대화나 마을 사람들의 따뜻한 환대를 서술한다면, 이야기는 훨씬 더 생동감 있고 감동적인 글이 될 것이다.

다음은 서사와 묘사를 적절히 조화해 만든 에세이다.

> 작은 일본 마을의 아침은 노을과는 다른 아름다움으로 가득 차 있다. 천천히 뜨는 해는 고요한 호수를 금빛으로 물들이며, 수평선 너머로 나타난다. 가까운 산들은 녹색으로 물든 황금빛을 받아들이며 마을의 새로운 하루를 알린다. 여기서 나는 느꼈다, 이 자연의 속삭임이 마치 마을과 그 사람들의 이야기를 나에게 속삭이는 것 같다.
> 그날 아침, 나는 마을의 주요 거리를 걸었다. 아직은 조용한 거리에서 오직 나와 몇몇 노인들만이 호수를 바라보며 산책을 즐긴다. 한 노인이 나에게 미소를 지으며 다가온다. 이곳에서의 언어는 나에게 낯설지만, 그의 미소와 눈빛은 따뜻함과 환대의 의미를 전달한다. 그는 손짓으로 나를 자신의 집으로 초대한다.
> 그의 집은 오래된 나무와 전통적인 일본식 문양으로 장식되어 있다. 안으로 들어가자마자, 노인의 아내가 나에게 녹차를 내밀면서 인사한다. 차를 마시며 노인

> 은 자신의 가족사와 마을의 역사에 대해 이야기한다. 사실 나는 그의 말을 모두 이해하지는 못했지만, 그의 표정과 몸짓에서 느껴지는 자부심과 사랑은 언어의 장벽을 뛰어넘는다.
>
> 점심시간이 되자, 그는 나를 마을의 작은 식당으로 데려간다. 이곳에서도 나는 마을 사람들의 따뜻한 환대를 느낀다. 무엇보다 그들은 자신들의 문화와 전통, 그리고 이 작은 마을에서의 삶에 대한 자부심을 나누고 싶어한다.
>
> 이러한 경험은 단순히 일어난 일들을 나열하는 것 이상의 의미가 있다. 여행은 결국, 새로운 문화와 사람들, 그리고 그들의 이야기에 대해 배우고 느끼는 것이다. 이 작은 일본 마을에서의 하루는 나에게 그런 귀중한 경험을 선물해 주었다.

이와 같이 묘사는 독자에게 그 장소와 시간, 사람들의 모습을 상세히 그려줄 수 있으며, 서사는 그들이 겪는 일련의 사건을 통해 이야기를 전개한다. 이 둘을 잘 조화시키면, 내 글은 단순한 사건의 나열에서 벗어나 감동적인 이야기나 교훈을 전달할 수 있을 것이다.

✏️ 비유를 활용하라

비유는 글쓰기에서 매우 강력한 도구로, 복잡한 아이디어나 감정을 단순하고 이해하기 쉬운 형태로 표현할 수 있게 해준다. 비유를 사용하면 독자는 글의 의미를 더 깊게 이해하고, 글쓴이의 메시지에 더 강하게 공감할 가능성이 높아진다.

예를 들어 "인생은 롤러코스터와 같다."라는 비유를 사용할 수 있다. 이 비유는 인생의 높낮이와 예측할 수 없는 변화, 그리고 그 과정에서 느끼는 다양한 감정을 단순하면서도 효과적으로 표현한다. 만약 이 비유를 개인적인 경험과 결합한다면, 글은 훨씬 더 감동적이고 공감을 불러일으킬 것이다.

"내 인생의 롤러코스터는 지금 정상에 올라가고 있다. 그럼에도 불구하고 앞으로 어떤 일이 일어날지, 언제 내려갈지 모르는 불안감이 항상 함께한다. 하지만 그 불안감은 나를 더 강하게 만들고, 내가 앞으로 얼마나 멀리 갈 수 있는지 보여주는 중요한 지표다."

이처럼 비유를 활용한 글쓰기는 단순한 설명을 넘어선 독자의 이해와 공감을 깊게 만들 수 있다. 물론 비유는 지나치게 남용되면 반대로 독자에게 혼란을 줄 수 있으니 적절한 수준에서 활용하는 것이 중요하다.

비유를 활용할 때는 몇 가지 주의할 점이 있다.

첫째, 비유가 본래의 메시지나 주제와 잘 맞아야 한다. 잘못된 비유는 독자에게 혼란을 줄 수 있으니 비유가 메시지를 명확히 하는 데 도움이 되는지 반드시 고려해야 한다.

둘째, 비유는 가능하면 원래의 문맥에 부합하는 형태로 사용되어야 한다. 일상생활에서 잘 알려진 사물이나 경험을 비유에 사용한다면 독자가 더 쉽게 이해할 수 있다. 비유가 너무 낯설거나 복잡하다면, 그 효과는 반대로 작용할 수 있다.

셋째, 비유는 글 전체에 걸쳐 일관성을 유지하는 데 중요하다. 여러 가지 비유를 섞어 쓰면 독자가 혼란스러워 할 수 있으므로 하나의 중심 비유를 정하고 그 주변으로 글을 구성하는 것이 효과적이다.

넷째, 비유는 독자의 창의성을 자극하기도 한다. 잘 사용된 비유는 단순히 정보를 전달하는 것 이상의 가치를 가지며, 독자가 새로운 관점에서 문제나 상황을 바라보게 만든다.

비유는 글쓰기에서 강력한 표현 수단이다. 그러나 이를 잘 활용하기 위해서는 위에서 언급한 여러 주의사항을 기억해야 한다.

잘 사용된 비유는 글에 깊이를 추가하고, 독자와의 강력한 연결을 형성하는 데 중요한 역할을 할 수 있다.

비유를 활용한 글쓰기는 의미나 감정을 풍부하게 전달하는 데 탁월하다. 글에서 복잡한 개념을 간단하게 설명하거나, 독자가 잘 이해하지 못할 수 있는 어려운 주제에 대한 새로운 관점을 제시하는 데 유용하다. 하지만 비유는 단순히 아름다운 글을 만드는 도구가 아니라, 내용 자체를 더 풍부하고 명확하게 만들어 주는 기능적인 역할도 한다.

경영에 관한 글을 쓰는 경우 '회사를 하나의 배에 비유할 수 있다.'라고 시작하면, 이어서 '경영진은 선장, 직원들은 선원, 고객은 승객' 등으로 비유를 확장할 수 있다. 이렇게 하면 독자는 회사 운영의 다양한 측면을 더 쉽고 명확하게 이해할 수 있다.

물론 모든 글에서 비유를 사용할 필요는 없다. 비유가 글의 흐름에 방해가 되거나, 주제와 맞지 않을 경우에는 사용을 자제하는 것이 좋다. 특히 과학적이거나 정확성이 요구되는 글에서는 비유가 오히려 혼란을 줄 수 있으므로 신중히 사용해야 한다.

비유는 결국 독자와 더 강한 연결을 만들고, 복잡하거나 추상적인 개념을 쉽게 이해할 수 있도록 도와주는 도구다. 그러므로 글쓰기 과정에서는 어떤 비유가 독자에게 더 효과적일지를 신중히 고려해야 한다. 이러한 고려사항을 잘 마련한다면, 비유는 글쓰기를 더욱 흥미롭고 독창적인 작업으로 만들어 줄 것이다.

비유를 잘 활용한 글 작성은 독자에게 딥다이빙을 하도록 초대하는 것과 같다. 생각의 바다에서 수영하도록 만드는 것이다. 처음에는 얕은 물에서 몸을 댄다. 이것이 독자가 글의 주제와 아주 조금씩 친해지는 과정이다. '인간의 마음은 바다와 같다.'라고 말하면서 시작하면, 독자는 이 비유가 어떻게 풀어질지 기대감을 느낄 것이다.

글의 중간 부분에서는 좀 더 깊은 물로 데려가서 본론을 풀어낸다. '마음의 바다도 평온한 해수면 뒤에는 수많은 생명체와 미지의 세계가 존재한다.'라고 설명하면, 인간의 감정과 생각이 얼마나 복잡한지를 상세하게 들여다볼 수 있다.

결론에서는 독자를 다시 얕은 물로 데려와 안전하게 육지에 올려놓는다. '우리 모두의 마음 속에는 알려지지 않은 미지의 세계가 있으며, 이해와 인내가 필요하다.'라고 말하면서, 비유를 통해 얻은 깊은 인사이트나 메시지를 공유한다.

이렇게 비유를 활용하면 글은 단순한 정보 전달 수단을 넘어서 독자와 깊은 감정적, 지적 연결을 맺을 수 있다. 비유는 단순히 예쁜 장식이 아니라, 글의 본질과 독자의 이해를 깊게 하는 통로가 될 수 있다.

비유를 활용하는 것은 마치 빛과 그림자를 다루는 화가처럼, 글의 다양한 측면과 뉘앙스를 독자에게 보여주는 수단이다. 글을 쓸 때 비유를 적절히 사용하면, 단순한 사실이나 설명을 넘어 독자에게 강력한 통찰과 느낌을 줄 수 있다. '인생은 마라톤과 같다.'라는 비유를 통해, 단순히 인생이란 장기적인 시간 동안 이루어지는 과정이라는 사실을 넘어 그 과정에서의 힘든 시간, 승리와 패배, 마지막까지 포기하지 않는 끈기 등을 강조할 수 있다.

더 나아가, 비유는 복잡한 개념이나 현상을 쉽고 재미있게 풀어주는 역할도 한다. '사랑은 전쟁과 같다.'라고 할 때, 이 비유는 사랑의 복잡하고 때로는 이해하기 어려운 면을 전쟁이라는 다들 알고 있는 상황과 연결시켜 사랑이라는 현상을 새로운 시각에서 바라보게 만든다.

하지만 비유를 사용할 때는 주의도 필요하다. 비유가 과도하거나 적절하지 않으면, 글의 목적이나 메시지를 흐리게 만들 수 있기 때문이다. 그렇기에 비유는 도구일 뿐, 그 자체가 목적이 되어서는 안 된다.

비유는 글쓰기에서 강력한 효과를 낼 수 있는 도구다. 그것을 잘 활용하면 독자는 글을 통해 새로운 세상을 경험하게 되고, 그 경험은 결국 글의 메시지를 더 강하고 생생하게 만든다.

비유를 잘 활용한 글을 작성할 때 몇 가지 추가적인 팁이 있다.

첫째, 비유는 반드시 글의 전체 흐름과 일관성을 유지해야 한다. 즉, 단순히 멋있어 보이거나 스타일을 더하려고 임의로 비유를 넣으면, 오히려 독자를 혼란스럽게 할 수 있다.

둘째, 비유는 가능하면 일상에서 쉽게 접할 수 있는 것을 활용하는 것이 좋다. 과도하게 복잡하거나 전문적인 비유는 일반 독자에게는 어려울 수 있다.

셋째, 비유를 너무 빈번하게 사용하면 글이 과장되거나 허세 스러워 보일 위험이 있다.

비유를 활용한 글 예시로는 다음과 같은 것이 있다.

= 예시

> "희망은 밤하늘의 별과 같다. 어두워질수록 더 빛나는 존재로, 어려운 시기일수록 그 중요성을 더욱 깨닫게 해준다. 그렇지만 모든 별이 빛나는 것은 아니다. 어떤 별은 사라지고, 어떤 별은 더욱 빛나게 되지만, 그 과정에서 우리는 어떻게든 앞으로 나아가게 된다."

이런 식으로 비유를 통해 글에 깊이를 더하고, 독자에게 복잡한 느낌이나 감정을 효과적으로 전달할 수 있다. 글쓰기의 목적과 주제에 따라 적절한 비유를 찾아 활용하면, 글은 더욱 풍성하고 생동감 넘치는 작품이 될 것이다.

비유와 메타포는 수많은 문학 작품이나 영화에서 흔히 활용되며, 그것이 작품에 깊이와 다양성을 더해준다. 예를 들어, 조지 오웰의 『1984』에서 빅 브라더는 모든 악의 근원과 통제력을 상징

하며, 이는 독자가 단순한 플롯 이상의 무언가를 느끼게 한다.

또는 영화 '매트릭스'에서 레드 필과 블루 필은 선택과 운명, 자유의지와 결정론 사이의 복잡한 관계를 상징한다. 이런 비유는 복잡한 주제나 개념을 단순화해 일반 대중도 쉽게 이해할 수 있게 해준다.

책에서도 비유가 흔히 사용된다. 인생을 마라톤에 비유해 자기 자신을 너무 과도하게 압박하지 않아야 하며, 그 대신 지속 가능한 속도와 균형을 유지하는 것이 중요하다고 조언한다.

이런 예시들을 통해 비유와 메타포는 단순히 문장을 더 아름답게 하거나 재미있게 만드는 도구가 아니라, 복잡한 아이디어나 감정을 명확하고 강력하게 전달하는 데 큰 역할을 하는 것을 알 수 있다.

06
실제 챗GPT 활용한 실습

📝 챗GPT 가입 방법

- 일반 메일로 가입

① OpenAI 웹사이트(https://www.openai.com/)를 방문한다.

② 홈페이지 상단의 Sign Up 또는 Log In 버튼을 클릭한다.
③ 처음 사용하는 사람은 필요한 정보를 입력하며 회원가입 절차를 진행한다. Sign Up 버튼을 누른다.

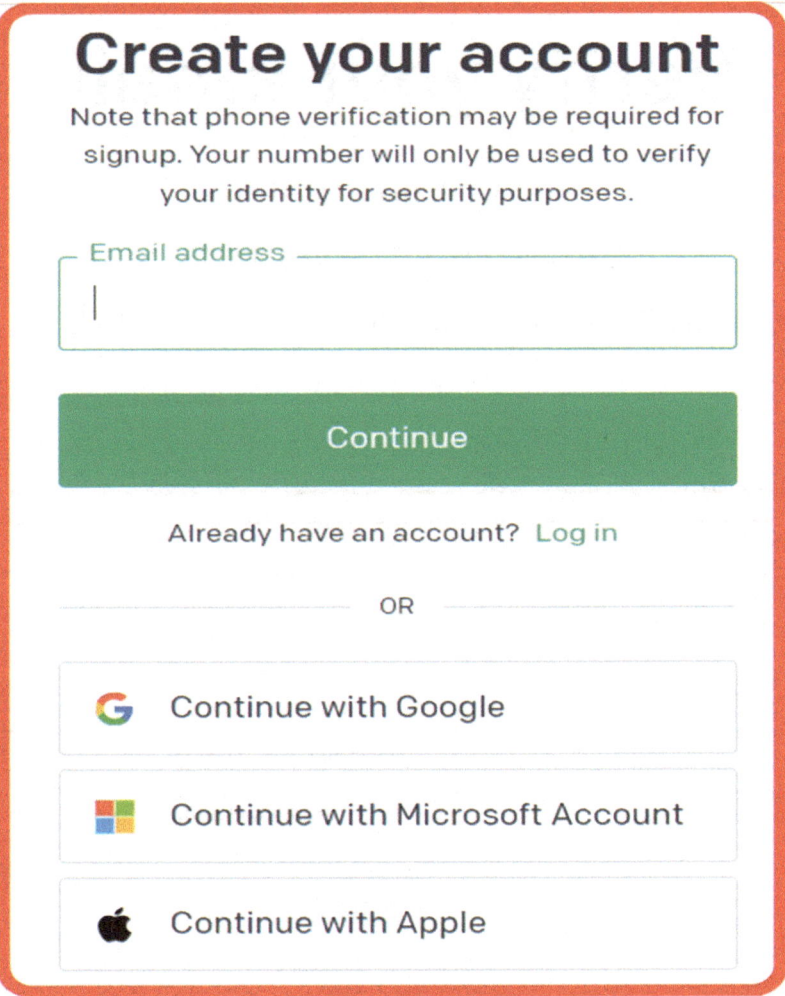

④ 이메일 인증 등의 절차가 포함될 수 있다. 기존 사용하는 지메일 혹은 마이크로소프트 계정으로 인증하면 더 편리하다. 다른 이메일로 가입하면 최초 1회 이메일 인증이 필요하다.

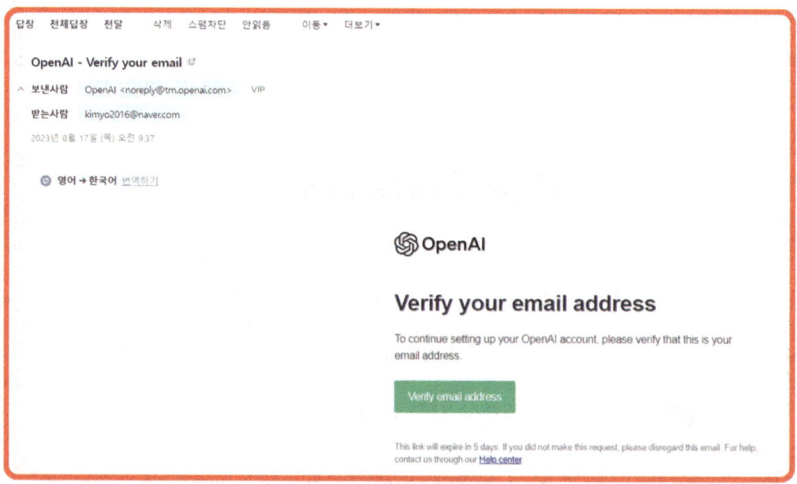

⑤이름 및 생년월일을 입력한다. 입력 때 주의할 사항은 월일 입력시 한자리 숫자는 한자리만 입력한다.(1988년 9월 9일생 → 9/9/1988)

Tell us about you

| First name | Last name |

Organization name (optional)

Birthday

Continue

By clicking "Continue", you agree to our Terms and acknowledge our Privacy policy

⑥ 가입시 1회에 한해 휴대폰 인증이 필요하다. 인증이 완료되면 로그인이 가능하다.

Verify your phone number

+82

Send code

Enter code

Please enter the code we just sent you.

000 000

A note on credits

Because this phone number is associated with an existing account, you will not receive additional free API credits.

Please upgrade to a paid plan to start using the API. If you need further assistance, please contact us through our help center at https://help.openai.com.

Continue

• 구글 계정으로 가입

① 회원 가입 화면에서 Continue with Google을 선택한다.

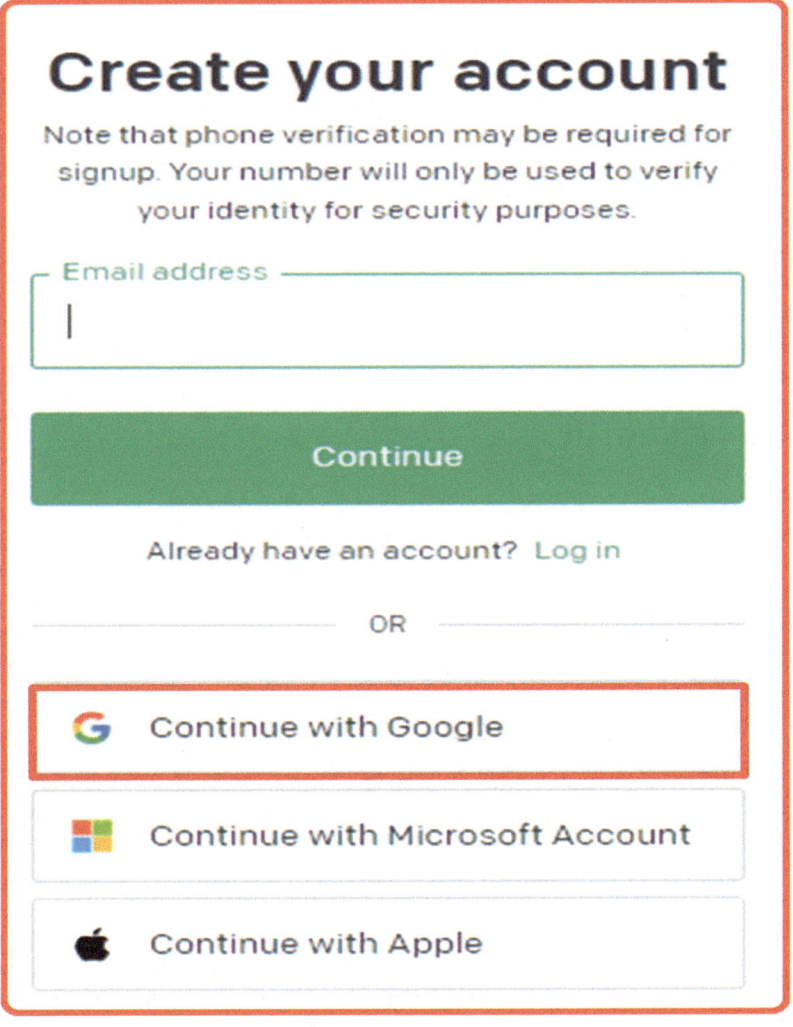

② 회원 가입에 사용할 구글 계정을 선택한다.

③ 이름 및 생년월일을 입력한다. 입력 때 주의할 사항은 월일 입력시 한자리 숫자는 한자리만 입력한다.(1988년 9월 9일생 → 9/9/1988)

④ 가입시 1회에 한해 휴대폰 인증이 필요하다. 인증이 완료되면 로그인이 가능하다.

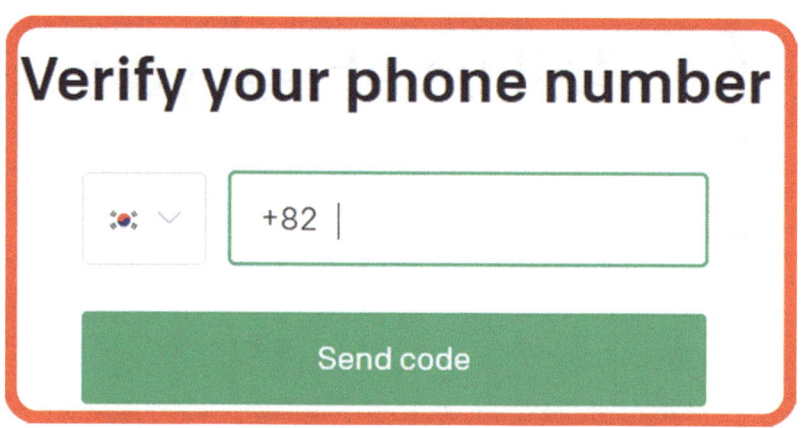

• 로그인

① 회원가입이 완료되면 로그인하고, 내 정보 및 설정을 확인하고 관리한다.

② ChatGPT를 클릭해 사용한다.

• 비용 및 사용 제한

OpenAI 서비스는 기본적으로 무료로 제공된다. 서비스의 비용은 사용량, 모델의 종류, 요청 횟수 등에 따라 다르다.
Pricing 페이지에서 자세한 가격 정보와 사용 제한사항을 확인한다.
유료로 전환하려면 구독을 신청하면 된다.

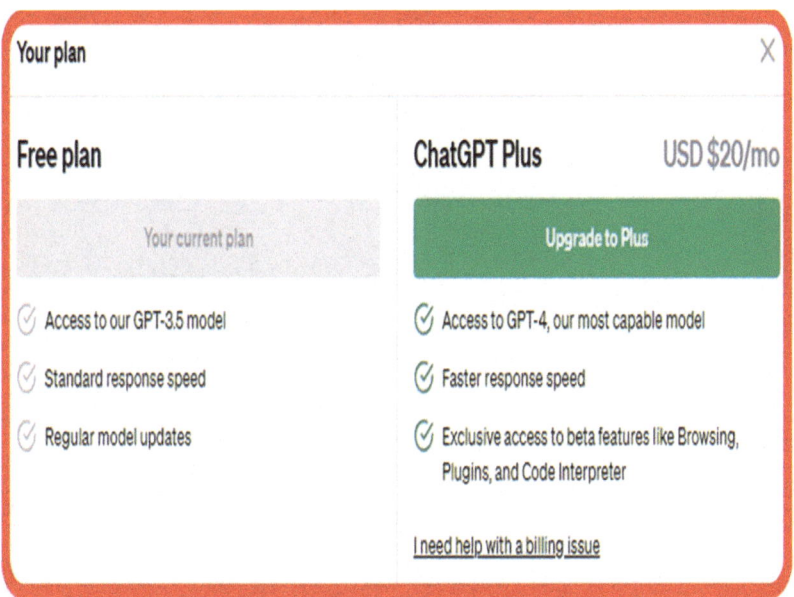

• 도움말 및 문서 활용

OpenAI 웹사이트는 GPT와 관련된 다양한 가이드와 문서를 제공한다. API 사용법, 통합 가이드, 자주 묻는 질문 등의 섹션을 참조하면 도움을 받을 수 있다. 챗GPT는 2021년 9월 기준의 정보로, 최신 정보는 OpenAI의 공식 웹사이트에서 확인한다.

🏷️ 실제 챗GPT 활용 사례

실제 챗GPT를 사용해 글을 작성해보겠다.

일단 무료로 사용할 수 있는 GPT-3.5와 유료로 사용할 수 있는 GPT-4에 각각 똑같은 질문을 던졌다. 실제 자서전을 쓴다는 생각으로 챗GPT 프롬프트(Prompt·대화문)에 질문했다. 그 결과 GPT-3.5와 GPT-4 답변에는 다소 차이가 있었다. GPT-4는 훨씬 세련되게 답변하는 것을 볼 수 있다.

모든 것이 다 그렇지 않을 수도 있지만, 대체적으로 유료 버전인 GPT-4의 답변이 더 큰 도움이 될 수 있다는 것을 알 수 있다. 하지만 처음부터 유료 버전을 사용할 필요 없이 무료 버전을 사용하다 유료로 전환해도 된다.

2019년 2월 설 연휴 기간 집무실 책상 앞 의자에 앉아 숨진 채 발견된 고(故) 윤한덕 국립중앙의료원 중앙응급의료센터장의 일대기를 다룬 평전에 있는 내용과 교훈을 자서전의 실습 대상으로 삼았다.

이 도서는 저자가 윤한덕 선생과 관련한 사람들을 인터뷰해 작성한 평전이다. 『의사 윤한덕』이라는 제목으로 2020년 2월 출간됐다. 평전은 다른 사람의 일대기를 제3의 인물이 쓴 것인데, 자서전과 평전은 저자가 본인이냐 아니면, 제3자이냐의 차이일 뿐 실제 내용은 비슷하다. 이 때문에 이 사례를 들어 챗GPT를 활용해 자서전을 어떻게 쓸 것인지 살펴본 것이다.

독자들은 본인의 자서전을 쓴다는 생각으로 실습에 임해야 할 것이다.

실습에 앞서, 챗GPT는 같은 질문에 대해 일관된 답변을 할 수도 있고, 다른 답변을 할 수도 있다는 것을 알아야 한다. 이는 요청하는 문맥, 질문의 구체성, 다른 변수들에 따라 다를 수 있다. 그러나 모든 답변은 챗GPT의 알고리즘이 생성하므로 동일한 알고리즘으로 동작하는 다른 챗GPT 인스턴스는 유사한 방식으로 답변할 가능성이 높다.

또한, 챗GPT의 도움을 얼마나 받을지는 사용자의 선택에 달려 있다. 프로젝트의 성격, 질문자의 질문 스킬 등 다른 요인들에 따라 결과가 다를 수 있다. 중요한 것은 챗GPT가 제공하는 내용이 완벽하지 않을 수 있으니 항상 최종적으로는 사람이 검토하고 수정하는 것이 좋다.

챗GPT도 완벽하지 않으므로 오류를 범할 수 있다. 이러한 오류는 팩트 체크가 필요한 정보, 문법적인 오류, 논리적인 일관성 부족 등 다양한 형태로 나타날 수 있다. 따라서 챗GPT가 생성한 내용을 그대로 사용하기 전에 꼼꼼히 검토하고 필요한 수정을 하는 것이 중요하다.

= GPT-3.5 질문 및 답변

먼저, GPT-3.5에 질문했다.

> **KI** 네가 '윤한덕'이라는 의사라고 가정하고, 응급의료시스템을 구축하게 된 계기와 이를 통해 어떻게 응급의료시스템을 구축해나가는지 파악하는 자서전을 쓰려고 해. 주제와 내용 등 자서전을 기획해줘. 주요 키워드는 의과대학, 의사, 응급의학과, 중앙응급의료센터, 응급의료시스템 구축이며, 이중 응급의료시스템 구축을 주요 포커스로 맞춰줘.

 제목: "길을 열다: 응급의료시스템을 구축하다"

서문

이 자서전은 한 의사의 진로와 열정, 그리고 응급의료시스템을 구축하고 발전시키는 여정을 다룹니다. 나, 윤한덕은 의과대학에서의 꿈과 중앙응급의료센터에서의 경험을 토대로 응급의료시스템의 중요성과 구축 과정을 이야기하려고 합니다. 이 책을 통해 응급의학과 의사로서의 역할과 사회에 기여하는 방법에 대해 고민하게 되길 바랍니다.

Chapter 1: 꿈의 시작
- 의과대학 입학과 의사가 되기까지의 과정
- 응급의학과를 선택한 이유와 열정

Chapter 2: 응급의학과의 길
- 응급의학과에서의 학문적인 공부와 현장 경험
- 응급의학 전문의가 되기까지의 여정

Chapter 3: 중앙응급의료센터에서의 시작
- 중앙응급의료센터에서의 처음 업무와 경험
- 응급의료시스템의 필요성을 깨달은 순간

Chapter 4: 응급의료시스템 구축의 첫걸음
- 응급의료시스템을 구축하기 위한 계획과 준비 단계
- 협력과 리더십의 중요성

Chapter 5: 도전과 어려움
- 응급의료시스템 구축 중 마주한 어려움과 극복 과정
- 실패와 배움의

Chapter 6: 응급의료시스템의 성과
- 응급의료시스템의 구축 후 변화와 성과
- 환자들에게 제공되는 의료 서비스 향상

Chapter 7: 미래로의 비전
- 응급의료시스템의 미래를 위한 계획과 비전
- 응급의학과 의사로서의 지속적인 역할

에필로그

이 자서전은 의과대학에서의 꿈과 응급의학과 의사로서의 여정을 담았습니다. 응급의료시스템을 구축하고 발전시키는 데 필요한 역량과 열정을 갖춘 의사로서의 경험을 통해, 응급의료 분야에 대한 관심을 높이고 이 분야에 기여하는 길을 열어가기를 희망합니다. 나의 경험을 통해 다른 이들이 응급의료시스템을 개선하고 환자들에게 더 나은 의료 서비스를 제공하는 데 도움이 되길 바랍니다.
이 자서전을 통해 의과대학, 의사, 응급의학과, 중앙응급의료센터, 응급의료시스템 구축에 대한 주요 키워드를 다루며, 응급의료시스템 구축에 대한 주요 포커스를 강조합니다. 이를 통해 독자들은 응급의료 분야의 중요성과 의사로서의 역할을 더 잘 이해하게 될 것입니다.

이렇게 답변이 나왔다. 실제로 챗GPT를 활용하면 본인이 의도하는 대로 답변이 나오지 않을 가능성이 크다. 이 때문에 더 정교한 질문 방법이 필요하다.

이어서 질문했다.

> KI Chapter와 그 아래에 있는 소주제 내용이 너무 도식적이야. 좀 더 세련되고 베스트셀러가 될 정도로 다시 작성해줘. 그리고 쓰는 방식을 순서대로 적는 편년체 방식이 아니라 중요 사건을 위로 올리는 기전체 방식으로 할거야. 여기에서는 윤한덕이 왜 응급의학과 의사가 되려고 했는지 가장 중요한 것 같아. 그 사건을 제일 앞에 내세워 다시 목차를 작성해줘.

 제목: "길을 열다: 응급의료의 선두에서"

목차

프롤로그: 응급의학의 미래를 향해

1. 꿈의 시작
- 어린 시절, 의사로서의 꿈
- 가족과의 영향과 인내의 시작

2. 첫 발걸음: 의과대학의 문턱
- 의과대학 입학을 향한 도전
- 의사가 되기 위한 열정의 불꽃

3. 연약한 생명의 중요성을 깨닫다
- 응급의학과의 우연한 만남
- 환자의 희망을 품게 된 순간

4. 급속한 응급의료 세계로
- 응급의학과 전문화를 향한 갈증
- 현장 경험의 가치와 교훈

5. 중앙응급의료센터의 초대
- 국가 응급의료를 위한 선택
- 응급의료의 핵심, 중앙응급의료센터

6. 응급의료시스템 구축의 희망
- 응급의료시스템 개선을 위한 비전
- 협력과 리더십의 중요성

7. 방황과 도전의 순간
- 어려움을 극복하며 응급의료시스템 구축
- 실패에서 배운 것들

8. 환자의 삶을 구하는 응급의료
- 응급의료시스템의 변화와 성과
- 환자들에게 제공되는 더 나은 의료 서비스

9. 미래를 향한 비전
- 응급의료시스템의 미래를 위한 계획과 희망
- 의사로서의 지속적인 역할과 사회 기여

> 에필로그: 길을 열고, 미래로
>
> 이제 목차를 중요 사건 중심으로 재구성했습니다. 꿈의 시작과 중요한 순간인 응급의학과의 만남을 먼저 다루고, 그 후에 의과대학 진학 및 응급의학과 전문화, 중앙응급의료센터에서의 경험, 응급의료시스템 구축 과정, 그리고 미래 비전을 순차적으로 펼쳐봤습니다. 이제 이야기가 더욱 풍부하고 흥미로워질 것입니다.

이런 방식으로 계속 이어서 질문했다.

> KI 그러면 1장부터 9장까지 각 장별로 플롯을 만들어줘.
>
> 물론, 각 장에 대한 플롯을 만들어 드리겠습니다.
>
> 1장: 꿈의 시작
> - 주인공인 윤한덕이 어린 시절 의사로서의 꿈을 가지고 어떻게 그 꿈을 키워나갔는지 소개합니다.
> - 가족과의 관계와 가정 환경이 그의 꿈에 미친 영향을 다룹니다.

2장: 첫 발걸음: 의과대학의 문턱
- 의과대학 입학을 향한 경쟁과 열정으로 가득 찬 윤한덕의 이야기를 전합니다.
- 의사가 되기 위한 학문적인 노력과 어려움을 다룹니다.

3장: 연약한 생명의 중요성을 깨닫다
- 응급의학과 전문화에 대한 우연한 만남을 설명하고, 어떻게 응급의료에 관심을 가지게 되었는지를 다룹니다.
- 환자와의 감동적인 만남과 그 경험에서 얻은 인사이트를 공유합니다.

4장: 급속한 응급의료 세계로
- 응급의학 분야로 나아가기 위한 길을 찾아가면서 겪은 도전과 성장을 다룹니다.
- 현장에서의 응급상황에서 얻은 경험과 그 중요성을 강조합니다.

5장: 중앙응급의료센터의 초대
- 중앙응급의료센터에서의 처음 경험과 중요한 결정을 다루며, 국가 응급의료를 위한 역할에 대해 이야기합니다.
- 중앙응급의료센터에서의 업무와 책임을 소개합니다.

6장: 응급의료시스템 구축의 희망
- 응급의료시스템을 구축하기 위한 계획과 준비 과정을 설명합니다.
- 협력과 리더십의 중요성을 강조하면서, 응급의료시스템 개선을 위한 비전을 공유합니다.

7장: 방황과 도전의 순간
- 응급의료시스템 구축 중 마주한 어려움과 도전을 다룹니다.
- 실패와 성공 사이에서 얻은 교훈과 배움을 공유합니다.

8장: 환자의 삶을 구하는 응급의료
- 응급의료시스템 구축 이후, 응급환자에게 제공되는 의료 서비스의 향상과 성과를 다룹니다.
- 환자들의 이야기와 감사한 순간을 공유합니다.

9장: 미래를 향한 비전
- 응급의료시스템의 미래를 위한 계획과 비전을 소개하면서, 의사로서의 지속적인 역할에 대해 논의합니다.
- 응급의학과 의사로서의 미래를 향한 열망을 표현합니다.

이러한 플롯을 통해 각 장에서 주요 사건과 감정적인 요소를 다루며, 독자들에게 다양한 경험과 교훈을 전달할 수 있을 것입니다.

아직도 목차가 마음에 들지 않았다. 내가 원하던 목차를 챗GPT가 만들어주지 않은 것이다. 그래서 계속 이어서 질문했다.

이번에는 목차를 재작성하고 챕터마다 소제목 목차 4~5개 정도를 만들어 달라고 요청했다.

> KJ
> 1. 목차 재작성
> 2. 챕터마다 소제목 목차 4~5개 정도
>
> 다음 주문은 목차를 재작성하고 챕터마다 소제목 목차 4~5개 정도를 만들어달라고 요구했다.

> 1 / 2
>
> 물론, 목차를 재작성하겠습니다. 각 챕터에는 4~5개의 소제목이 포함될 것입니다.
>
> 목차: "길을 열다: 응급의료의 선두에서"
>
> 프롤로그: 응급의학의 미래를 향해
>
> 1. 꿈의 불꽃
> - 어린 시절, 의사로서의 꿈
> - 가족과의 인연과 열정의 기원
>
> 2. 전사의 초심

- 의과대학 입학과 열정의 첫발걸음
- 의학과 예상치 못한 만남

3. 비상의 순간
- 응급의학과의 뜻밖의 시작
- 연약한 생명의 가치에 대한 깨달음

4. 응급의학의 길
- 급속한 응급의료 세계로의 여정
- 현장 경험의 교훈

5. 끊임없는 열망
- 중앙응급의료센터의 초대와 선택
- 국가 응급의료를 위한 역할과 책임

6. 비전의 시작
- 응급의료시스템을 구축하기 위한 첫걸음
- 협력과 리더십의 중요성

7. 도전과 극복
- 응급의료시스템 구축의 어려움과 방황
- 실패와 성공 사이에서의 배움

8. 환자를 구하는 길
- 응급의료시스템의 성과와 변화
- 환자들에게 더 나은 의료 서비스 제공

> 9. 미래의 빛
> - 응급의료시스템의 미래를 위한 계획과 비전
> - 의사로서의 미래와 지속적인 사회 기여
>
> 에필로그: 길을 열고, 미래로
>
> 이렇게 수정된 목차를 통해 각 챕터의 주요 내용을 더 잘 반영하고, 더욱 풍부한 이야기를 전달할 수 있을 것입니다.

그런데 이 답변마저도 마음에 들지 않아 재차 요구했다. 똑같은 질문에 대한 다른 답변을 요구하려면, 챗GPT 프롬프트 밑에 'Regenerate'라는 버튼을 누르면 된다. 답변을 다시 만들라는 명령어다.

그러면 첫 번째 답변은 1/2로 표기되며, 두 번째 답변은 2/2로 표기되어 있음을 알 수 있다. 이를 이어가면 챗GPT가 답변을 계속 수정한다.

 2 / 2

물론, 목차를 다시 작성하겠습니다.

목차: "길을 열다: 응급의료의 선두에서"

프롤로그: 응급의학의 미래를 향해

1. 꿈의 씨앗 뿌리다
- 어린 시절, 의사로서의 꿈의 탄생
- 가족과의 관계와 열정의 시작
- 윤한덕의 의사로서의 비전

2. 학문의 세계로 나아가다
- 의과대학 진학과 학문적 도전
- 첫 환자와의 감동적인 만남

3. 급속한 응급의료 세계로
- 응급의학과의 우연한 만남
- 응급의학 전문화를 향한 열망과 노력

4. 중앙응급의료센터의 초대
- 중앙응급의료센터에서의 첫 경험
- 국가 응급의료를 위한 열정

5. 비전을 향한 첫걸음
- 응급의료시스템 개선을 위한 계획과 비전

> - 협력과 리더십의 중요성
>
> 6. 도전과 성장의 여정
> - 어려움을 극복하며 응급의료시스템 구축
> - 실패에서 얻은 교훈과 성공의 순간
>
> 7. 환자의 삶을 구하다
> - 응급의료시스템의 성과와 변화
> - 환자 중심의 의료 제공
>
> 8. 미래로의 비전
> - 응급의료시스템의 미래를 위한 로드맵
> - 의사로서의 지속적인 사명과 공헌
>
> 에필로그: 길을 열고, 미래로
>
> 각 챕터는 주요 사건과 감정적인 요소를 다루며, 독자들에게 다양한 경험과 교훈을 제공할 것입니다.

이어 챗GPT가 다시 답변한 것에 대한 평가를 묻는다. 그 평가를 바탕으로 인공지능이 계속 진화를 하고, 더 나은 답변을 만들어 나가는 과정이라고 생각을 하면 된다.

답변이 이전 것보다 좋았는지, 아니면 더 나빴는지 묻는다.

Was this response better or worse?
'Better'
'Worse'
'Same'

저자가 느낀 것은 답변이 이전과 비슷한 수준이었다. 여전히 마음에 들지 않아 목차를 더 작성해 달라고 요청했다.

KI 목차를 더 자세히 작성해줘.

 물론, 더 자세한 목차를 작성해드리겠습니다.

목차: "길을 열다: 응급의료의 선두에서"

프롤로그: 응급의학의 미래를 향해

1. 꿈의 씨앗 뿌리다
- 어린 시절, 의사로서의 꿈의 탄생
- 가족과의 관계와 열정의 시작
- 의사로서의 비전과 목표

2. 학문의 세계로 나아가다
- 의과대학 진학의 어려움과 열정
- 의학 공부의 첫걸음과 학문적 도전

- 환자와의 첫 만남과 그 의미

3. 급속한 응급의료 세계로
- 응급의학과의 우연한 만남과 영감
- 응급의학 전문화를 향한 열망과 노력
- 현장에서의 경험과 응급상황에서의 역할

4. 중앙응급의료센터의 초대
- 중앙응급의료센터에서의 처음 업무와 경험
- 국가 응급의료를 위한 선택과 열정
- 중앙응급의료센터의 중요성과 역할

5. 비전을 향한 첫걸음
- 응급의료시스템 개선을 위한 계획과 준비 단계
- 응급의료시스템의 중요성과 기대
- 협력과 리더십의 필요성과 역할

6. 도전과 성장의 여정
- 응급의료시스템 구축 중 마주한 어려움과 극복 과정
- 실패와 성공 사이에서 얻은 교훈과 배움
- 응급의료시스템 구축의 성과와 변화

7. 환자의 삶을 구하다
- 응급의료시스템의 성과와 환자들에게 미치는 영향
- 환자 중심의 의료 제공과 환자들과의 감동적인 이야기

- 환자를 구하는 데의 의미와 사회 기여

8. 미래로의 비전
- 응급의료시스템의 미래를 위한 비전과 목표
- 의사로서의 지속적인 사명과 사회에 대한 기여
- 응급의학과 의사로서의 지속적인 역할과 열망

에필로그: 길을 열고, 미래로

각 챕터는 주요 사건과 감정적인 요소를 다루며, 독자들에게 다양한 경험과 교훈을 제공할 것입니다.

더 이상 묻는 게 의미가 없어, 소주제에 대한 내용을 채우기 위해 그중 하나 '1. 꿈의 씨앗 뿌리다' 밑에 있는 '어린 시절, 의사로서의 꿈의 탄생'이란 명령을 질문 창에 입력했다.

챗GPT가 어느 수준으로 답변을 할 것인지, 그에 따른 보조 명령어를 넣지 않고 테스트를 해보기 위한 차원이었다.

그런데, 여기에서 주목할 부분은 위에서 학습한 것을 바탕으로 세부적인 내용을 작성한 것이 아니라 '어린 시절, 의사로서의 꿈의 탄생'이라는 부분에 대한 세세한 소제목을 뽑았다. 전혀 예상하지 않은 답변이었다.

나름대로 소제목을 중심으로 계속 질문을 이어가니 이에 대한 소제목을 다시 뽑아달라는 의미로 받아들인 것으로 해석하면

될 것 같다. 이 때문에 챗GPT와 끊임없는 대화를 통해 저자가 필요한 부분을 끌어내면 된다는 것을 알 수 있다.

질문과 답변은 다음과 같았다.

KI 어린 시절, 의사로서의 꿈의 탄생.

 두 번째 장인 "어린 시절, 의사로서의 꿈의 탄생"에서는 주인공인 윤한덕의 어린 시절과 의사로서의 꿈의 탄생을 다룰 것입니다.

2.1. 어린 시절의 윤한덕
- 어린 시절의 가정환경과 가족 구성원 소개
- 어릴 적부터 나타난 호기심과 관심사들
2.2. 의사로서의 꿈의 탄생
- 어린 윤한덕이 어떻게 의사가 되길 꿈꾸게 되었는지
- 주변 환경과 인생의 특별한 순간들이 의사로서의 꿈에 미친 영향
2.3. 꿈을 키우며
- 어린시절부터 의사가 되기 위한 노력과 의학에 대한 공부
- 꿈을 키우며 겪은 어려움과 극복 과정
2.4. 의사로서의 비전과 열망
- 어린 시절의 꿈이 어떻게 현재와 미래의 비전으로 이어지고 있는지
- 의사로서의 열망과 사명감

이 장에서는 주인공의 어린 시절에서의 경험과 꿈, 그리고 의사로서의 열망이 어떻게 형성되었는지를 자세하게 다룰 것입니다.

다음은 '2. 학문의 세계로 나아가다'의 하부 소제목인 '환자와의 첫 만남과 그 의미' 부분을 써달라고 요청했다.

> KI 〈환자와의 첫 만남과 그 의미〉 부분을 써줘.
>
> 2.2. 의사로서의 꿈의 탄생: 환자와의 첫 만남과 그 의미
>
> 어린 시절의 윤한덕은 의사가 되기 위한 꿈을 키우며 자라고 있었습니다. 그런데 그 꿈이 더욱 현실적이 되기 시작한 것은 어느 날, 그의 생활에서 의사와 환자가 만나게 된 순간이었습니다.
>
> 어느 찬 바람 불던 겨울 날, 윤한덕은 동네에서 열리는 봉사활동에 참여하게 되었습니다. 그때 그는 처음으로 병원을 찾아온 환자들과 접촉하게 되었습니다. 그 순간, 그의 눈앞에 펼쳐진 환자들의 어려움과 고통은 그를 깊이 감동시키고, 동시에 의사가 되어 환자들을 돕고자 하는 열망을 불러일으켰습니다.
>
> 윤한덕은 환자와의 첫 만남에서 그들의 이야기를 듣고, 그들이 겪는 어려움을 공감하며 봉사활동을 진행했습니다. 그 순간부터, 환자와의 소통과 관심이 의사로서의 길을 뚜벅뚜벅 걸어가게 만들었습니다. 환자와의 만남은 단순한 봉사활동이 아니라, 의사로서의 사명과 역할을 깨달을 수 있는 기회가

> 되었습니다.
> 이런 경험을 통해 윤한덕은 환자의 삶을 더 깊이 이해하고, 그들을 돕는 의사로서의 역할에 대한 미덕을 배우게 되었습니다. 환자와의 첫 만남은 그에게 의사로서의 길을 선택하게 하고, 미래의 환자들을 위한 의료 서비스를 개선하는 데 대한 열정을 불러일으켰습니다. 이 경험은 그의 의사로서의 비전과 목표를 더욱 강력하게 키워나가는 계기가 되었습니다.

챗GPT가 나름대로 상상의 나래를 펼치며 자신만의 소설(?)을 써 내려가는 것을 알 수 있다. 물론, 실제와는 전혀 다른 이야기를 챗GPT가 쓴 것이다.

그래서 챗GPT에게 정보를 더 주기로 했다. 실제 윤한덕 선생이 수련을 막 시작했을 때 응급실에 실려온 사내아이를 목격하고 응급의학과를 선택하는 계기를 더 언급해 챗GPT에게 질문했다.

> KI 이제 막 의과대학을 졸업한 윤한덕은 1993년 봄 전남 지역 응급실에서 응급환자 치료를 위해 인턴으로 수련을 막 시작했다. 그런데 어느 날 오후 갑자기 갓 초등학교에 입학한 사내아이가 응급실로 실려 왔다. 트럭이 후진하면서 이 아이를 깔아뭉개 얼굴이 함몰되고 갈비뼈가 부러졌다.
>
> 이런 내용이 담긴 글을 써줘.

> 1993년 봄, 전남 지역의 응급실에서 새로운 인턴으로 수련을 시작한 윤한덕은 전문적인 경험이 부족한 채 많은 도전에 직면했습니다. 그런 어느 날 오후, 갑자기 응급실로 실려온 사건은 그를 더욱 큰 시련 앞에 세우게 했습니다.
>
> 그날, 갓 초등학교에 입학한 어린아이가 응급실로 실려왔습니다. 트럭이 후진하면서 그 어린이를 깔아뭉개고, 얼굴은 함몰되었으며 갈비뼈가 부러진 상태였습니다. 의료진들은 곧바로 응급 처치에 착수했지만, 이런 어린아이의 치료는 매우 어려운 과제였습니다.
>
> 윤한덕은 처음으로 이런 긴급한 상황을 직면했지만, 그는 자신의 의학적 지식과 동료들의 지원을 받아 힘을 모았습니다. 얼굴과 가슴에 중상을 입은 어린아이를 위한 치료가 시작되었습니다. 그는 치료 과정에서 이 아이의 무한한 생명력과 회복력을 목격했습니다.

> 일주일이 지난 후, 그 어린이의 상태는 크게 개선되었습니다. 얼굴의 부순 부분은 치료를 통해 회복되었고, 갈비뼈 역시 처음보다 더 강해졌습니다. 이 아이는 의사들의 도움과 치료 과정을 통해 기적 같은 회복을 이뤄냈습니다.
> 이 경험은 윤한덕에게 환자들의 생명을 구하는 데 대한 사명과 의사로서의 역할을 더욱 깊이 이해하게 만들었습니다. 이 아이의 회복은 그에게 새로운 동기부여를 주었고, 의학과 응급의료에 대한 열정을 더욱 강화시켰습니다. 그 순간부터, 그의 진로와 미래에 대한 확신은 더욱 확고해졌으며, 응급의학 분야에서의 성공을 향한 여정이 더욱 힘을 받았습니다.

이렇게 답변을 했다. 이 부분도 사실과 다른 내용이다. 그런데, 이렇게 멋지게 글을 써 내려가면 내용을 모르는 사람은 수긍할 수도 있다. 그리고 이렇게 말을 할 수 있을 것이다.

"야! 챗GPT, 정말 멋진데. 한편의 글을 완성했어!"

이렇게 말이다.

하지만 자서전은 실제 자신의 이야기를 쓰는 것이기 때문에, 이러한 답변은 작가의 입장에서는 '0점'의 답안지다. 챗GPT의 단점을 그대로 드러낸 내용이라고 할 수 있다.

챗GPT의 가장 큰 단점 중 하나는 '할루시네이션(hallucination)'

으로 사람을 속이는 것이다. 할루시네이션은 환각, 환영, 환시를 뜻하는 영어 단어로 인공지능이 실제로는 존재하지 않는 것을 마치 있었던 일인 것처럼, 즉 틀린 답을 사실인 양 그럴듯하게 답할 때 쓰는 말이다.

자서전을 쓰는 작가는 이 부분을 조심해야 한다. 한 편의 소설을 챗GPT를 활용해 쓰는 것은 쉽지만, 개인의 일대기를 다룬 자서전은 사실을 바탕으로 쓰는 것이기 때문에 할루시네이션을 절대 조심해야 한다.

자신을 미화하기 위해 이런 내용도 그대로 적는다면, 진정성에 의심을 받을 수 있다는 점을 염두에 두어야 한다.

이 글을 수정할 필요가 있었다. 모두 경어체로 작성해서 평어체로 작성해 줄 것을 요구했고, 좀 더 이야기를 재미있게 만들기 위해 내러티브 방식으로 수정해 달라고 주문을 넣었다.

KI 위 글을 수정.

1. 평어체로 작성
2. 내러티브 방식으로 작성

 1993년 봄, 전남 지역의 응급실에서 새로운 인턴으로 일을 시작한 나, 윤한덕. 의료 경험이 부족한 나에게는 각종 도전들이 많았다.

어느 날 오후, 갑자기 응급실로 실려온 사건이 있었다. 갓 초등학교에 입학한 어린아이였다. 트럭이 후진하면서 그 아이를 깔아뭉개고, 얼굴은 함몰되었으며 갈비뼈가 부러진 상황이었다.

의료진들은 즉시 치료에 나섰지만, 이 어린아이의 치료는 정말 어려운 일이었다. 나는 처음 보는 긴급한 상황에 당황하지만, 동료들의 지원과 의학적 지식을 총동원해 어린아이에게 최선을 다하려고 했다.

얼굴과 가슴에 중상을 입은 어린아이를 위한 치료가 시작되었다. 그 아이의 생명력과 회복력은 놀랍도록 강력했다. 일주일이 지난 후, 그의 상태는 크게 개선되었다. 얼굴의 상처는 치료를 통해 회복되었고, 갈비뼈 역시 처음보다 더 강해졌다. 그 아이는 의사들의 도움과 치료 과정을 통해 거의 기적에 가까운 회복을 이뤘다.

이 경험은 나에게 환자들의 생명을 구하는 데 대한 역할과 사명을 깊이 이해하게 해주었다. 그 아이의

> 회복은 나에게 새로운 동기부여를 주었고, 의학과 응급의료에 대한 열정을 더욱 불태웠다. 그 순간부터, 나의 진로와 미래에 대한 확신은 더욱 강화되었으며, 응급의학 분야에서의 성공을 향한 여정이 더욱 힘을 받았다.

좀 더 자세히 설명하는 것을 알 수 있을 것이다.

하지만, 여기서 만족할 수는 없는 일. 더 요구했다. 오감을 이용해 다시 작성하되, 글의 양을 더 늘려줄 것을 요청했다. 한 편의 자서전을 작성하기 위해서는 어느 정도의 분량은 채워져야 하기 때문이다.

> KI 오감을 이용해 다시 작성하되, 글의 양을 늘려줘.
>
> 🌀 1993년 봄, 나는 전남 지역의 응급실에서 처음으로 인턴으로 일을 시작한 순간이었다. 당시 나는 아직 어린 나이였고, 의료 경험이 거의 없는 새내기 의사였다. 어떤 날 오후, 응급실은 갑자기 새로운 도전 앞에 나를 세우게 했다.
> 바람이 시원하게 불던 그 날, 급작스러운 사고로 응급실로 실려온 환자가 있었다. 그 환자는 초등학교에 입학한 어린아이였다. 트럭이 후진하면서 아이의 몸을 깔아뭉개고, 얼굴은 함몰되었으며 갈비

뼈는 부러진 상태였다.
환자의 상태는 정말 어려운 상황이었다. 나는 처음 보는 긴급 상황에 당황했지만, 즉시 응급 치료에 착수했다. 내 능력의 한계를 뛰어넘기 위해 동료들과 협력하며, 의학적인 지식을 총동원했다.
나와 의료진은 어린아이의 치료에 최선을 다하였다. 얼굴과 가슴에 중상을 입은 이 아이를 위한 치료는 심각한 도전이었다. 그러나 우리는 절대 포기하지 않았다.
일주일이 지난 후, 환자의 상태는 크게 개선되었다. 얼굴의 상처는 훌륭한 의학적 치료로 회복되었으며, 갈비뼈는 처음보다 더 강해져 있었다. 아이는 의사들의 도움과 치료 과정을 통해 거의 기적에 가까운 회복을 이뤘다.
이 경험은 나에게 환자들의 생명을 구하는 사명과 의사로서의 역할을 깊이 이해하게 했다. 어린아이의 회복은 나에게 새로운 동기부여를 주었고, 의학과 응급의료에 대한 더 큰 열정을 불러일으켰다. 그 순간부터, 나의 진로와 미래에 대한 확신은 더욱 강화되었으며, 응급의학 분야에서의 성공을 향한 여정이 더욱 힘을 받았다. 이 아이의 이야기는 나의 길을 뚜벅뚜벅 걷게 만들었다.

앞의 글과 큰 차이가 없는 것으로 보이지만, 나름대로 챗GPT가 오감을 이용해 작성한 것으로 인정(?)할 수밖에….

하지만 좋은 퀄리티의 내용을 채워나가기 위해서는 디테일한 질문을 계속 던지고, 좋은 답변을 받아내야 하는 것이 챗GPT를 활용한 작가로서의 역할 아닌가?

그래서 이번에는 디테일이 담긴 내용을 더 입력해 챗GPT에게 물어봤다. 그리고 한번에 다 답변할 수 없으면 계속 이어서 작성하라는 의미로 〈계속〉이라는 명령어를 넣을 수 있다는 주문사항을 입력했다.

> **KI** 이런 내용이 담긴 글을 써줘. 내용을 한번에 다 못 쓰면 내가 〈계속〉이라고 요청할게.
>
> 1. 이제 막 의과대학을 졸업한 나는 1993년 봄 전남 지역 응급실에서 응급환자 치료를 위해 뒤 인턴으로 수련 막 시작.
> 2. 그런데 어느 날 오후 갑자기 갓 초등학교에 입학한 사내아이가 응급실로 실려옴.
> 3. 트럭이 후진하면서 이 아이를 깔아뭉개 얼굴이 함몰되고 갈비뼈가 부러짐.
> 4. 갑자기 환자가 들어와 나는 무척 당황.
> 5. 의과대학에서는 이론으로 배웠지만, 막상 아이가 거칠게 숨을 몰아쉬고, 고통을 호소하자 어떻게 대처해야 할지 방법이 떠오르지 않음.
> 6. 해당 분야 전문의를 찾았지만, 곧바로 응급실에 내려오지 않음.

7. 그 사이 아이는 긴장성 기흉으로 위험한 상황에 빠짐.
8. 다시 흉부외과 등에 연락했지만 전문의는 오지 않음.
9. 그렇게 시간이 흘러 응급처치를 받지 않은 아이는 끝내 사망.
10. 너무 충격적인 죽음을 목격한 나는 응급의학과 의사가 되어 응급환자를 제대로 치료해야겠다고 생각.

1. 이제 막 의과대학을 졸업한 나는 1993년 봄, 전남 지역 응급실에서 응급환자 치료를 위한 뒤의 인턴 수련을 막 시작했습니다.
2. 그런데 어느 날 오후, 갑자기 갓 초등학교에 입학한 사내아이가 응급실로 실려왔습니다.
3. 트럭이 후진하면서 이 어린아이를 깔아뭉개고, 얼굴은 함몰되었으며 갈비뼈가 부러졌습니다.
4. 이 상황에 나는 갑자기 환자가 들어와 매우 당황했습니다. 의과대학에서는 의학 이론을 배웠지만, 막상 아이가 숨을 몰아쉬며 고통을 호소할 때 어떻게 대처해야 할지 방법이 머릿속에 떠오르지 않았습니다.

〈계속〉

이런 답변이 나왔다. 나의 의도를 챗GPT가 제대로 이해하지 못한 것이다. 다시 주문을 넣었다.

> **KI** 1,2~ 이렇게 쓰지 말고 하나의 문장으로 써줘.

> 이제 막 의과대학을 졸업한 나는 1993년 봄, 전남 지역 응급실에서 응급환자 치료를 위한 인턴 수련을 시작했습니다. 그런데 어느 날 오후, 갑자기 갓 초등학교에 입학한 사내 아이가 응급실로 실려왔습니다. 트럭이 후진하면서 이 어린 아이를 깔아뭉개고, 얼굴은 함몰되었으며 갈비뼈가 부러졌습니다.

너무 답변이 간단하다. 1~4번까지만 내용을 인식해 그 부분에 대한 답변만 한 것이다. 이렇듯, 챗GPT를 끊임없이 훈련하고 조련해야 제대로 된 자서전을 만들 수 있다는 사실을 유추해 볼 수 있다.

물론, 소설이야 쉽게 쓸 수 있겠지만, 사람의 일대기를 다룬 자서전이나 평전은 각 개인이 살아온 인생을 챗GPT가 절대 알 수 없기에 처음부터 제대로 된 문장이 나오는 것을 기대하는 것은 무리라고 볼 수 있다.

그래서 질문 방식을 바꾸었다. 처음에는 숫자로 1, 2~ 이런 식으로 나열했지만, 숫자를 아예 없앤 채 똑같은 질문으로 다시 물었다.

> **KI** 아래의 내용이 담긴 글을 써줘. 내용을 한 번에 다 못쓰면 내가 〈계속〉이라고 요청할게. ~했습니다. 이렇게 끝나는 문장이 아니라 평어체로 작성.
>
> 이제 막 의과대학을 졸업한 나는 1993년 봄 전남 지역 응급실에서 응급환자 치료를 위해 뒤 인턴으로 수련 막 시작.
> 그런데 어느 날 오후 갑자기 갓 초등학교에 입학한 사내아이가 응급실로 실려옴.
> 트럭이 후진하면서 이 아이를 깔아뭉개 얼굴이 함몰되고 갈비뼈가 부러짐.
> 갑자기 환자가 들어와 나는 무척 당황.
> 의과대학에서는 이론으로 배웠지만, 막상 아이가 거칠게 숨을 몰아쉬고, 고통을 호소하자 어떻게 대처해야 할지 방법이 떠오르지 않음.
> 해당 분야 전문의를 찾았지만, 곧바로 응급실에 내려오지 않음.
> 그 사이 아이는 긴장성 기흉으로 위험한 상황에 빠짐.
> 다시 흉부외과 등에 연락했지만 전문의는 오지 않음.
> 그렇게 시간이 흘러 응급처치를 받지 않은 아이는 끝내 사망.

> 너무 충격적인 죽음을 목격한 나는 응급의학과 의사가 되어 응급환자를 제대로 치료해야겠다고 생각.

 의과대학을 졸업한 직후, 1993년 봄에 나는 전남 지역의 응급실에서 응급환자 치료를 위한 인턴으로 처음 발을 디뎠습니다. 그러던 어느 날 오후, 전혀 예상치 못한 사건이 발생했습니다.

바로 그 순간, 갓 초등학교에 입학한 어린 소년이 응급실로 실려왔습니다. 그 순간 트럭이 후진하면서 그 아이를 깔아뭉개고, 얼굴은 땅에 함몰되며 갈비뼈는 부러졌습니다.

나는 갑자기 의무실무에 놓인 상황에서 매우 당황했습니다. 의과대학에서는 의학 이론을 배웠지만, 실제로 아이가 숨을 거칠게 쉬며 고통을 호소할 때 어떻게 대처해야 할지에 대한 답은 나의 머릿속에서 찾을 수 없었습니다.

분명히 해당 분야의 전문의를 찾았지만, 그 전문의가 응급실로 내려오지 않았습니다. 그 사이에 아이는 긴장성 기흉으로 위험한 상황에 빠져들었습니다. 절망적인 순간이 지속되던 중, 흉부외과와 다른 의료진에게 연락을 취했지만, 전문의는 여전히 나타나지 않았습니다.

그렇게 소중한 시간이 흐른 끝에, 아이는 응급처치를 받지 못한 채로 세상을 떠났습니다. 이 충격적

> 인 죽음을 목격한 순간, 나는 결심했습니다. 나는 응급의학과 의사가 되어, 다시는 이런 비극을 겪지 않도록 노력해야겠다고 생각했습니다.
>
> 〈계속〉

이전보다는 더 세련되게 답변을 했다. 챗GPT에게 계속 질문을 던지고, 마치 상담을 하듯이 끊임없이 세련된 답변을 요구하면 어느 정도 원하는 답변을 얻어낼 수 있다는 점을 알 수 있다.

위 글에서는 계속 경어체로 작성했다. 평어체로 작성해달라고 요청했는데, 또다시 경어체를 써서 저자에게 알려주었다.

"참! 말귀를 못 알아듣는군!"

다시 평어체로 작성해달라고 요청했다.

앞의 내용이 완전히 끝나지 않아 '계속'이라는 주문사항도 추가했다.

> KI 평어체로 계속.

> 그 아이의 죽음은 나에게 큰 충격을 안겼습니다. 너무나 무능한 나 자신을 탓하며, 무엇을 더 할 수 있었을까 하는 생각이 머릿속을 떠나지 않았습니다. 하지만 그 충격적인 순간에서 비롯된 강렬한 생각이 있었습니다. 나는 응급환자를 구조하고 치료하는 데에 더 열정적으로 헌신해야 한다는 결심이었습니다.
> 그 후로, 나는 응급의학 분야를 향한 내 진로를 향해 걸음을 내딛었습니다. 의사가 되어야겠다는 강한 의지와 결단력이 생겼습니다. 이제부터 나의 목표는 응급환자를 위해 최선을 다하는 의사가 되는 것이었습니다.

챗GPT가 여전히 말귀를 못 알아먹는다.

더 세밀하고 알려주면 말귀를 알아먹을 것으로 생각하고 '~했다.처럼 평어체로 작성' 해달라고 구체적으로 주문했다.

> **KI** ~했다. 처럼 평어체로 작성.
>
> 🤖 그 아이의 죽음은 나를 깊이 충격시켰어. 나 자신을 무능하게 여기면서 뭘 더 할 수 있었을까 하는 생각이 머릿속을 지배했지.
> 하지만 그 충격적인 경험으로 인해 강한 다짐이 생겼어. 나는 응급환자들을 더 효과적으로 치료하고 돕기 위해 열정적으로 노력할 거야.
> 그 이후로, 응급의학 분야로 나아가기 위해 나의 진로를 향해 한 발 한 발 나아갔어. 이제 의사로서 최선을 다해 응급환자들을 돕는 게 나의 목표야.

그런데, 이게 뭐야!
'지배했지. 노력할 거야. 목표야.'
이런 식으로 여전히 말귀를 못 알아먹는다.
그래서 이 대목은 포기!

질문을 다른 소주제로 바꾸었다.

'현장에서의 경험과 응급상황에서의 역할.'에 대해 써줄 것을 주문했다.

> **KI** 현장에서의 경험과 응급상황에서의 역할.
>
> 현장에서의 경험과 응급상황에서의 역할은 나에게 큰 교훈을 주었습니다.
> 의과대학을 졸업한 직후 응급실에서의 수련을 시작하며, 나는 현장에서 직접 응급환자들을 다루는 경험을 쌓아갔습니다. 이 경험들은 나에게 이론과 실무의 차이를 깨닫게 해주었습니다.
> 현장에서의 경험을 통해 나는 의료진의 역할과 중요성을 명확하게 이해하게 되었습니다. 응급상황에서는 시간이 금이므로 각 의료진은 자신의 역할을 정확하게 이해하고 역동적으로 협력해야 합니다. 나는 의사로서 환자를 진단하고 적절한 치료를 제공하는 역할을 맡았습니다.
> 또한, 응급상황에서의 역할은 소통과 협력 능력도 필요로 합니다. 의료진 간의 원활한 의사소통은 환자의 생명을 구하는 데 결정적입니다.
> 이러한 경험과 역할은 나를 더 나은 응급의사로 성장시켰고, 환자들에게 최상의 치료와 돌봄을 제공하는 데 더욱 열정적으로 헌신하고 있습니다.

여기에서도 여전히 평어체가 아니라 경어체로 작성했다. 또다시 평어체로 바꿔달라고 주문을 넣었다.

> KI ~했다. 처럼 평어체로 다시 작성.

 현장에서의 경험과 응급 상황에서의 역할은 진짜 큰 교훈을 주었어.
의과대학을 졸업한 직후 응급실에서의 수련을 시작하며, 나는 직접 응급환자들을 다루며 꽤나 풍부한 경험을 쌓았지. 그런 경험들 덕분에 이론과 현실의 간극을 제대로 알게 되었어.
현장에서의 경험을 통해 나는 의료진들의 역할과 중요성을 명확하게 이해하게 되었어. 응급상황에서는 시간이 금이라서 각자가 자신의 역할을 정확히 알고, 협동적으로 일해야 해. 나는 의사로서 환자를 진단하고 필요한 치료를 제공하는 역할을 했지.
뿐만 아니라, 응급상황에서의 역할은 소통과 협력 능력도 엄청 중요하더라고. 의료진들끼리 원활하게 의사소통하는 게 환자의 생명을 구하는 데 큰 역할을 한단 걸 깨달았어.
이런 경험과 역할을 통해 나는 더 나은 응급의사로 성장하게 되었고, 환자들에게 최고의 치료와 돌봄을 제공하는 데 더 열정적으로 헌신하고 있어.

이런! 또다시 이런 스타일로 작성했군! 다시 주문을 넣었는데도, 계속 헛다리를 긁어 다시 요청했지만 역시 마찬가지였다.

> KI ~했다. 처럼 다시 작성.

> 현장에서의 경험과 응급상황에서의 역할은 진정으로 큰 교훈을 남겼어.
> 의과대학을 막 졸업한 새내기로서 1993년 봄, 전남 지역 응급실에서 응급환자를 다루며 처음 시작했어. 그런데 어느 날 오후, 갓 초등학교에 입학한 어린 아이가 응급실로 실려왔어.
> 트럭 사고로 인해 아이의 얼굴이 함몰되고 갈비뼈가 부러지고, 아이는 고통을 호소하며 거칠게 숨을 몰아쉬고 있었어. 당시에는 의과대학에서는 언제나 체계적인 이론만을 배웠지 실제 응급환자를 치료하는 법은 배우지 못했어. 그래서 나는 매우 당황하고 무엇을 어떻게 해야 할지 몰랐어.
> 나는 응급실에서 해당 분야 전문의를 찾았지만, 아무도 내려오지 않았어. 그 사이 아이는 긴장성 기흉으로 위험한 상황에 빠졌고, 흉부외과 등의 의사들에게도 연락했지만 다시도 답이 없었어.
> 그렇게 시간이 흘러 아이는 응급처치를 받지 못한 채로 세상을 떠났어. 그 순간 나는 너무 충격적인 죽음을 목격했고, 이 때문에 나는 응급의학과 의사가 되어야겠다고 다짐했어.

= GPT-4 질문 및 답변

그렇다면 똑같은 질문을 챗GPT-4에게 물어봤다. 챗GPT-4 기 챗GPT-3.5와 다소 차이가 있는 답변을 했을 때, 후속으로 이어지는 질문은 내용을 크게 벗어나지 않는 범위에서 비슷하게 질문했다.

> **YE** 네가 윤한덕이라는 의사라고 가정하고, 응급의료시스템을 구축하게 된 계기와 이를 통해 어떻게 응급의료시스템을 구축해나가는지 파악하는 자서전을 쓰려고 해. 주제와 내용 등 자서전을 기획해줘.
> 주요 키워드는 의과대학, 의사, 응급의학과, 중앙응급의료센터, 응급의료시스템 구축이며, 이중 응급의료시스템 구축을 주요 포커스로 맞춰줘.

> 자서전 기획: "속도와 삶의 가치: 응급의료시스템을 만들다"
>
> 개요
>
> 이 자서전은 윤한덕 의사의 인생과 그가 중앙응급의료센터와 응급의료시스템 구축을 어떻게 이끌어 나갔는지에 대한 이야기를 담고 있다. 응급의

료시스템 구축이 얼마나 중요한지, 그리고 이를 성취하기 위해 필요한 노력과 패기를 공유한다.

목차

서론: 응급의료, 왜 중요한가?

1. 윤한덕 의사의 어린 시절과 의과대학 진학
- 어린 시절의 꿈과 실현을 위한 첫 걸음, 의과대학 입학
2. 의사로서의 첫 발자국
- 인턴기간과 임상 경험
- 응급의학과에 끌리게 된 계기
3. 응급의료의 현장에서
- 응급의학과 레지던트 시절의 이야기
- 중앙응급의료센터에서의 일

본론: 응급의료시스템 구축, 어떻게 접근할 것인가?

1. 응급의료시스템의 필요성 인식
- 왜 응급의료시스템이 중요한지
- 당시의 응급의료 현황 분석
2. 계획과 전략
- 중앙응급의료센터에서의 첫 구축 계획
- 팀 빌딩과 리더십
3. 실현을 위한 노력
- 정부 및 다른 기관과의 협력

- 응급의료 관련 연구와 발표
4. 구축의 결과와 반응
- 시스템이 도입된 후의 변화
- 새로운 문제와 대처 방안

결론: 지속적인 노력으로 응급의료의 미래를 준비한다

1. 다가오는 도전
- 앞으로 개선해야 할 점과 목표
2. 뒷 이야기와 인사이트
- 이 과정에서 얻은 교훈과 다음 세대에게 전하고 싶은 말
3. 결론: 속도와 삶의 가치
- 응급의료시스템 구축이 가져온 의미와 가치

스타일 및 톤

- 전문적이면서도 대중에게 쉽게 접근할 수 있는 언어를 사용
- 개인적인 경험과 에피소드를 통해 읽는 이에게 감동과 공감을 주는 톤
- 데이터와 사례를 통해 주장을 뒷받침하는 학술적인 요소도 포함

타깃 독자
- 의료계 종사자

> - 의과대학 학생 및 의대 예비생
> - 응급의료시스템에 관심 있는 일반 대중
>
> 시장 분석 및 출판 계획
> - 의료 분야에서의 노하우와 인사이트가 담긴 책은 일반적으로 잘 팔림
> - 응급의료시스템에 대한 관심이 높아짐에 따라, 이 분야의 전문가가 쓴 책에 대한 수요가 있을 것으로 예상됨
> - 처음에는 전자책 형태로 출시한 뒤, 반응을 보고 종이책도 출간할 계획
>
> 이러한 구성을 통해 윤한덕 의사의 경험과 지식을 공유하고, 응급의료시스템의 중요성을 널리 알릴 수 있을 것이다.

어떤가? 좀 더 세련되지 않은가?

역시 돈이야!

저자는 예전부터 유료 프로그램인 챗GPT-4를 사용해왔다. 챗GPT-3.5의 예시로 든 질문은 유료버전인 챗GPT-4를 사용하고 있는 아이디가 아니라 다른 아이디로 로그인을 한 뒤 질문을 한 것이다.

챗GPT-4는 챗GPT-3.5와 다르게 △ 스타일 및 톤 △ 타깃

독자 △ 시장 분석 및 출판 계획까지 다뤄 나름대로 더 세련된 기획안을 제시해주었다.

그렇지만, 여기에서 만족하면 안 되는 법. 더 세련되고 베스트셀러가 될 정도로 다시 작성해달라고 요청했다.

> **YE** 소주제 내용이 너무 도식적이야. 좀 더 세련되고 베스트셀러가 될 정도로 다시 작성해줘. 그리고 쓰는 방식을 순서대로 적는 편년체 방식이 아니라 중요 사건을 위로 올리는 기전체 방식으로 할거야. 여기에서는 윤한덕이 왜 응급의학과 의사가 되려고 했는지 가장 중요한 것 같아. 그 사건을 제일 앞에 내세워 다시 목차를 작성해줘.

> 자서전 기획: "초읽기의 순간: 한 응급의학과 의사가 바꾼 시스템"
>
> 개요
>
> 윤한덕 의사의 경험을 중심으로 응급의료시스템의 중요성과 그 구축 과정을 빛나는 순간들로 풀어내는 자서전입니다. 이 책에서는 하나의 중대한 사건을 시작으로 응급의료시스템의 필요성을 깨닫고 이를 구축해 나가는 과정을 탐구합니다.

목차

프롤로그: 15분의 기적 – 어느 날 밤 응급실에서
- 윤한덕 의사가 응급실에서 겪은 한 사건을 통해 응급의학과의 중요성을 깨닫는 순간

1. 소명을 찾다: 응급의학과를 향한 첫걸음
- 응급의학과의 매력과 윤한덕 의사가 이 분야를 선택한 동기
- 의과대학에서의 일과 응급의학과로의 전환

2. 응급의료시스템의 부재: 한국 응급의료의 미진한 현실
- 국내 응급의료시스템의 현황과 문제점을 직접 경험하며 느낀 아쉬움

3. 신호등과 CPR: 일상에서 응급의료의 중요성을 깨닫다
- 일상에서 느낀 응급의료의 중요성과 그에 따른 첫 번째 행동 계획

4. '중앙응급의료센터'의 탄생: 새로운 가능성을 열다
- 중앙응급의료센터를 구축하는 과정과 그 중요성

5. 비전을 실현하기 위한 동료들
- 응급의료시스템을 함께 구축할 동료들을 만나고

그들과의 협력 이야기

6. 경계를 넘다: 정부와 기관들과의 협력
- 응급의료시스템을 더 넓게 확산시키기 위한 다양한 협력과 노력

7. 반성과 전진: 시스템이 운영되면서 나타난 새로운 문제점과 대처
- 시스템 구축 후 나타난 문제와 그에 대한 해결책

8. '속도와 삶의 가치': 응급의료시스템이 가져온 변화
- 구축한 시스템을 통해 보여진 응급의료의 중요성과 변화

에필로그: 끝이 아닌 시작, 응급의료의 미래
- 더 나아가야 할 방향과 윤한덕 의사의 다음 목표

스타일 및 톤
- 대중적이면서도 전문성을 잃지 않는 세련된 언어
- 감동과 긴장감을 주는 스토리텔링
- 현장에서의 실제 사례와 데이터를 통해 주장을 뒷받침

타깃 독자
- 응급의료에 관심 있는 일반인
- 의료계 종사자

- 정책 입안자와 의사 결정자들

출판 계획
- 초기에는 전자책으로 출시, 반응을 살펴본 후에 종이책 출판
- 의료계나 정책 관련 이벤트에서의 특별 프로모션 계획

이 구성을 통해 응급의료의 중요성을 널리 알리고, 윤한덕 의사의 응급의료시스템 구축 노력을 통해 얻은 깊은 통찰과 경험을 공유할 수 있을 것입니다.

이렇게 작성하면 베스트셀러가 될 수 있는지 모르겠지만, 어쨌든 계속 챗GPT에 수정사항을 요청하면 점점 더 세련되게 고쳐짐을 알 수 있다.

다음은 각 장 별로 플롯을 만들어달라고 요청했다.

YE 그러면 각 장 별로 플롯을 만들어줘.

 프롤로그: 15분의 기적 – 어느 날 밤 응급실에서

플롯

- 한 환자가 응급실로 급하게 실려 온다.
- 환자의 상태가 매우 심각해 시간과의 싸움이 시작된다.
- 윤한덕 의사의 빠른 판단과 팀원들의 협력으로 환자는 살려진다.
- 이 사건을 계기로 윤한덕 의사는 응급의료시스템의 중요성을 다시 한 번 느낀다.

1. 소명을 찾다: 응급의학과를 향한 첫걸음

플롯

- 의과대학에서의 일상과 학습, 그러다 응급의학과에 관심을 갖게 된 계기
- 첫 응급의료 교육과 실습에서의 특별한 경험
- 응급의학과로 전공을 확정하게 된 순간과 그 이유

2. 응급의료시스템의 부재: 한국 응급의료의 미진한 현실

플롯

- 응급실에서의 첫 근무, 현실과 이상 사이의 간극을 느끼다.
- 실제 사례를 통해 보여주는 응급의료시스템의 문제점
- 이러한 문제를 해결하고자 하는 의지가 생김

3. 신호등과 CPR: 일상에서 응급의료의 중요성을 깨닫다

플롯

- 윤한덕 의사가 목격한 교통사고와 그 현장에서의 응급 처치
- 일상의 소중함과 응급의료의 중요성을 실감하다.
- 이를 통해 응급의료시스템 개선의 필요성을 절감하고 첫 계획을 세우다.

4. '중앙응급의료센터'의 탄생: 새로운 가능성을 열다

플롯

- 윤한덕 의사가 중앙응급의료센터 구축을 제안
- 이에 대한 팀 빌딩과 계획
- 초기 구축 과정과 그 중에서 겪은 여러 어려움

5. 비전을 실현하기 위한 동료들

플롯

- 의료 팀과 협력 파트너를 모으는 과정
- 같은 비전을 공유하는 사람들과의 만남과 협업
- 구체적인 시스템 구축 계획을 수립

6. 경계를 넘다: 정부와 기관들과의 협력

플롯

- 정부, 의료 기관, NGO와의 협력을 위한 노력
- 공식적인 승인과 자금을 확보하는 과정
- 다양한 이해관계자와 협력하며 시스템을 구축

7. 반성과 전진: 시스템이 운영되면서 나타난 새로운 문제점과 대처

플롯

- 시스템 운영 후에 나타난 예상치 못한 문제
- 이에 대한 해결책과 개선 방안
- 팀원과 함께 문제를 해결하고 시스템을 개선

8. '속도와 삶의 가치': 응급의료시스템이 가져온

변화

플롯

- 구축한 시스템이 실제로 어떤 변화를 가져왔는지
- 성공 사례와 그것이 사회에 미친 영향
- 더 나아가야 할 다음 단계

에필로그: 끝이 아닌 시작, 응급의료의 미래

플롯
- 지금까지의 경험을 통해 느낀 응급의료의 중요성과 미래
- 앞으로의 계획과 비전
- 읽는 이에게 전하는 마지막 메시지

이렇게 각 장의 플롯을 구성하면 윤한덕 의사의 응급의료시스템 구축에 대한 심도 있는 이해와 통찰을 제공할 수 있을 것입니다. 또한, 이러한 경험과 지식을 통해 응급의료의 중요성을 다루어, 사람들이 이에 대해 더 깊게 생각하고 실질적인 행동을 취할 수 있게 독려할 것입니다.

챗GPT가 알아서 플롯을 구성해줘 나름대로 콘텐츠를 작성할 수 있는 큰 틀은 일단 확보된 셈이다.

그렇지만 여전히 목차가 마음에 들지 않아 재작성을 요청했고, 챕터마다 소제목 목차도 4~5개 정도 만들어줄 것을 주문했다.

YE 1. 목차 재작성
2. 챕터마다 소제목 목차 4~5개 정도

 새로운 목차: 윤한덕, 응급의료의 아키텍트

프롤로그: 고요한 밤, 뜨거운 응급실—15분과의 대결
- 목숨을 구한 그 순간
- '15분'의 가치를 느끼다
- 응급의료의 깊은 터전

1. 소명의 시작: 하루아침에 바뀐 미래
- 응급실에서의 첫 경험
- '선택'을 통한 전공 확정
- 전공 선택과 내면의 고백

2. 약점을 포착하다: 한국 응급의료의 현장
- 응급의료의 불편한 진실
- '약점'과 '기회'
- 질문이 된 문제점

3. 불완전한 시스템: 한계점과 그 너머
- 실제 사례를 통한 시스템 한계 도출
- 응급의료시스템의 개선점
- 처음으로의 해결 방안 모색

4. 중앙응급의료센터의 탄생: 틀을 깨다
- 아이디어의 창조와 혁신
- 중앙응급의료센터 구축의 초기 계획
- '경계를 넘다' - 다양한 이해관계자와의 협력

5. 팀워크의 힘: 동료를 만나다
- 비전을 공유하는 팀 구성
- '협력'의 가치와 중요성
- 팀워크로 극복하는 어려움

6. 복잡한 이해관계: 정부와의 협력과 대립
- 정부 승인과 자금 확보의 여정
- 이해관계와 충돌, 그리고 협상
- 기관과 NGO의 지원과 협력

7. 새로운 문제, 새로운 기회: 시스템 운영 후의 도전
- 응급의료센터의 첫날
- 예상치 못한 문제와 응급 대처
- '잠재적 위험'과 '새로운 기회'

8. 앞으로의 비전: 지속가능한 응급의료의 미래
- 성공과 그 뒤에 이어지는 책임

- 미래를 위한 계획과 도전
- 지속가능한 응급의료 시스템의 구축

에필로그: 무한한 가능성, 응급의료의 미래
- 윤한덕 의사의 마지막 메시지
- 응급의료에 대한 깊은 사유
- 독자에게 전하는 마지막 단어

각 장의 본문에서는 해당 소제목들을 깊게 다룰 계획입니다. 이를 통해 응급의료시스템의 중요성과 윤한덕 의사의 역할, 그리고 그가 구축한 시스템이 어떻게 사회에 영향을 미치고 있는지를 체계적으로 탐구할 예정입니다.

목차를 더 자세히 작성해 줄 것을 재차 요구했다.

> YE 목차를 더 자세히 작성해줘.

> 윤한덕, 응급의료의 아키텍트: 자세한 목차
>
> 프롤로그: 고요한 밤, 뜨거운 응급실 — 15분과의 대결
> - 목숨을 구한 그 순간
> - '15분'이라는 시간의 무게
> - 응급의료의 새로운 지평을 열다

1. 소명의 시작: 하루아침에 바뀐 미래
- 첫 근무에서의 충격적인 경험
- 의사로서의 선지와 의욕
- 응급의학과 전공 결정: 관심에서 진정한 열정으로

2. 약점을 포착하다: 한국 응급의료의 현장
- 응급의료의 미진한 점과 한계
- 외부에서 본 응급의료의 문제점
- 변화를 위한 첫 계획과 스케치

3. 불완전한 시스템: 한계점과 그 너머
- 실제 사례를 통해 느낀 한계와 문제점
- 초기 해결 방안과 그 실험
- 의료진과 환자의 입장에서 본 응급의료의 필요성

4. 중앙응급의료센터의 탄생: 틀을 깨다
- 비전을 현실로 만들기 위한 첫 계획
- 팀 구성과 중앙응급의료센터의 첫 모습
- 구성원들과의 처음 만남과 그 뒤의 협력과정

5. 팀워크의 힘: 동료를 만나다
- 팀 구성원을 위한 리더십과 가이드라인
- 핵심 구성원들의 이야기와 기여
- 각자의 역할과 중요성을 확인하는 사례들

6. 복잡한 이해관계: 정부와의 협력과 대립

- 공식 승인을 위한 과정과 그 어려움
- 이해관계의 복잡성: 기관과 NGO의 역할
- 협상과 대화를 통한 문제 해결

7. 새로운 문제, 새로운 기회: 시스템 운영 후의 도전
- 시스템 가동 첫 날의 리얼리티와 문제
- 잠재적 위험 요인과 그 해결책
- 유지보수와 지속적인 업그레이드의 중요성

8. 앞으로의 비전: 지속가능한 응급의료의 미래
- 실제로 달성한 성과와 그 의미
- 응급의료의 지속가능한 미래를 위한 계획
- 다음 목표와 미래의 미션

에필로그: 무한한 가능성, 응급의료의 미래
- 그간의 여정을 돌아보며 느낀 점
- 응급의료의 미래에 대한 깊은 생각과 전망
- 독자에게 보내는 마지막 메시지와 감사의 글

이렇게 구성된 자세한 목차를 통해 윤한덕 의사의 응급의료에 대한 깊은 이해와 경험, 그리고 그를 둘러싼 다양한 이해관계와 문제점을 체계적으로 탐구하고 분석할 수 있다.

이중 한 부분을 택해 세부 콘텐츠를 채워 넣어달라는 의도를 가지고 질문했다. 질문은 '1. 소명의 시작: 하루아침에 바뀐 미래' 중 '응급의학과 전공 결정: 관심에서 진정한 열정으로' 부분의 내용을 작성해달라고 요청했다.

> **YE** 응급의학과 전공 결정: 관심에서 진정한 열정으로.
>
> 이 챕터에서는 윤한덕 의사가 응급의학과를 전공하기로 한 과정을 중심으로 이야기를 풀어나간다. 아래와 같이 세부 내용을 다룹니다.
>
> 1. 의료인으로의 첫 걸음: 과거의 꿈과 현재의 선택
> - 어릴 적부터 의사가 되고 싶었던 윤한덕 의사의 어린 시절과 그 결심
> - 의과대학 입학 후 다양한 전공 중에서 어떤 기준으로 응급의학과를 선택하게 되었는지
>
> 2. 첫 응급실 경험: 물음표에서 느낌표로
> - 의과대학 시절 첫 응급실 근무에서 느낀 긴장감과 책임감
> - 그 경험을 통해 응급의학과에 대한 재미와 흥미를 느끼게 된 계기
>
> 3. 세상을 보는 새로운 눈: 인턴시절의 경험
> - 응급의학 인턴으로서 처음으로 다룬 실제 응급

상황과 그 감정
- 인턴시절을 거치며 응급의학과 전공의 의미와 중요성을 깨닫게 되는 순간

4. 전공을 결정하는 순간: 두려움과 도전
- 다른 전공과 비교했을 때 응급의학과의 매력과 도전적인 측면
- 전공 선택을 최종적으로 확정짓게 된 결정적인 순간과 그 이유

5. 열정의 불씨를 지피다: 전공 선택 후의 변화
- 응급의학과로 전공을 확정한 후, 자신을 둘러싼 변화와 개인적인 성장
- 이러한 선택을 통해 진정한 의료인으로 성장하게 된 과정과 느낌

이 챕터는 윤한덕 의사가 응급의학과를 선택한 동기와 그 과정, 그리고 그 선택이 그에게 미친 영향 등을 다루면서 응급의료에 대한 그의 열정과 헌신을 느낄 수 있게 구성됩니다.

　저자가 의도한 것은 콘텐츠였는데, 챗GPT는 구성안을 만들어 보여준 것이다. 기계가 어찌 사람의 깊은 마음을 이해하리요! 다시 질문했다. 1,2,3 처럼 분류하지 말고 이어서 써달라고.

> YE 이 부분을 1,2,3 처럼 분류하지 말고 이어서 써줘.

 물론입니다.

이 챕터에서 윤한덕 의사는 의과대학을 졸업한 신입 의사로서 처음으로 응급실의 문을 열었을 때의 감정을 공유합니다. 그는 병원의 여러 부서에서 근무해보며 다양한 의학 전공에 대한 이해를 넓혔지만, 응급실에서 느낀 긴장감과 책임감은 그 어떤 것과도 비교할 수 없었다고 말합니다.

이 경험은 그를 의료의 전선에서 환자의 생명을 직접 구하는 응급의학과에 더 깊게 빠져들게 했습니다. 그의 인턴 시절, 특히 응급의학과에서의 근무는 그에게 많은 것을 깨닫게 해주었습니다. 여러 상황과 환자들, 그리고 그들의 가족들을 대면하며, 응급의학이 단순한 의료 기술이나 지식을 넘어, 책임과 헌신, 그리고 빠른 판단과 실행 능력이 결합된 복합적인 분야라는 것을 실감했습니다.

하지만 그의 전공 선택은 단순히 흥미 때문만은 아니었습니다. 응급실에서 목격한 여러 가지 부족한 점과 문제, 특히 응급상황에서의 의료체계의 미흡함은 그를 더욱 응급의학과를 선택하게 했습니다. 이러한 문제를 해결하고, 더 나은 응급의료시스템을 구축하기 위해 직접 노력하고 싶다는 생각이 들었습니다.

이러한 다양한 경험과 생각을 거치며, 윤한덕 의사는 응급의학과를 전공하기로 마음먹습니다. 그 결

> 정은 단순한 선택을 넘어, 그의 인생과 의료에 대한 철학, 그리고 앞으로의 목표와 비전에 큰 영향을 끼치게 됩니다. 그는 이 분야에서 더 깊은 연구와 실무 경험을 쌓아, 한국의 응급의료시스템을 더 나아지게 하는 데 이바지하기로 결심합니다.
>
> 이 챕터를 통해, 윤한덕 의사가 응급의학과에 어떻게 빠져들게 되었는지, 그리고 그 선택이 그에게 어떤 의미를 지니는지를 깊이 이해할 수 있을 것입니다.

완전히 만족한 것은 아니었지만, 그런대로 어느 정도 요청사항을 이해하고 이를 반영해 흡족했다.

문제는 계속 경어체로 작성해 이를 평어체로 다시 바꿔 작성해달라고 요청했다.

> **YE** 평어체로 다시 작성.
>
> 이 챕터에서 윤한덕 의사는 의과대학을 졸업하고 신입 의사로 처음 응급실에 들어간 순간의 감정을 소개한다. 병원 여러 부서에서 일해보면서 다양한 전공에 대해 알게 됐지만, 응급실에서 느낀 긴장감과 책임감은 다른 어떤 것과도 비교할 수 없었다고 한다.

이 경험은 그를 응급의학과에 더 깊게 빠져들게 했다. 인턴 시절에는 특히 응급의학과에서의 근무가 많은 것을 깨닫게 해주었다. 여러 상황과 환자, 그리고 그들의 가족을 만나면서 응급의학이 단순한 의료 기술이나 지식을 넘어선 분야라는 것을 알게 됐다.

그런데 그가 전공을 선택한 건 단순히 흥미 때문만은 아니었다. 응급실에서 보게 된 여러 가지 문제점, 특히 응급상황에서 의료체계의 부족함이 그를 응급의학과를 선택하게 했다. 이런 문제를 해결하고 더 좋은 응급의료시스템을 만들고 싶다는 생각이 들었다.

다양한 경험과 생각을 거쳐 윤한덕 의사는 응급의학과를 전공하기로 결정했다. 그 결정은 그의 인생과 의료 철학, 그리고 앞으로의 목표와 비전에 큰 영향을 줬다. 이 분야에서 더 깊은 연구와 실무 경험을 쌓아 한국의 응급 의료 시스템 개선에 이바지하겠다는 의지를 갖게 됐다.

이 챕터를 통해 윤한덕 의사가 응급의학과에 어떻게 관심을 갖게 됐는지, 그리고 그 선택이 그에게 어떤 의미인지를 깊이 알 수 있을 것이다.

챗GPT-4는 챗GPT-3.5와 다르게 한 번에 말귀를 알아차렸다. 그리고는 요구사항대로 수정했다. 더 내용을 디테일하게 들어가 보자. 주문사항을 본격적으로 작성해 이에 대한 답변을 요청했다.

> YE 이제 막 의과대학을 졸업한 윤한덕은 1993년 봄 전남 지역 응급실에서 응급환자 치료를 위해 인턴으로 수련을 막 시작했다. 그런데 어느 날 오후 갑자기 갓 초등학교에 입학한 사내아이가 응급실로 실려 왔다. 트럭이 후진하면서 이 아이를 깔아뭉개 얼굴이 함몰되고 갈비뼈가 부러졌다.
>
> 이런 내용이 담긴 글을 써줘.

1993년 봄, 의과대학을 졸업한 지 얼마 되지 않은 윤한덕은 전남 지역의 한 응급실에서 인턴으로 일하고 있었다. 병원의 여러 부서에서 근무해보며 다양한 의학 전공에 대한 이해를 넓히기 시작했지만, 응급실에서 느낀 긴장감과 책임감은 그 어떤 것과도 비교할 수 없었다.
어느 날 오후, 갓 초등학교에 입학한 작은 사내아이가 응급실로 급하게 실려 왔다. 트럭이 후진하면서 아이를 덮쳐 얼굴이 심하게 다치고 갈비뼈까지 부러진 상태였다. 이 순간 윤한덕은 단순한 의학 지식이나 기술을 넘어선 것이 필요하다는 것을 깨달았다. 아이와 그의 가족은 절망적인 상황 속에서도 그를 응급의료의 전선에서 확신과 안정감을 가져다 줄 수 있는 사람으로 바라보고 있었다.

윤한덕은 그 순간 다른 의료진과 함께 긴급하게 아이의 처치에 들어갔다. 복잡한 의료 장비와 약물, 빠른 판단과 행동이 필요한 순간순간에서 그는 냉정하게, 그리고 확신을 가지고 행동했다. 다행히도 아이는 목숨을 건져낼 수 있었고, 이 사건은 윤한덕에게 응급의학과의 중요성을 다시 한번 일깨워 주었다.

하지만 그는 그 순간에도 응급의료시스템의 미흡함을 느꼈다. 특히 지역 병원의 응급실은 자원과 인력, 그리고 시스템적인 부분에서 많은 부족함이 있었다. 이러한 문제점들은 단순히 의료진의 노력으로는 커버할 수 없는 큰 문제들이었다. 윤한덕은 그날 이후 응급의학과를 전공하고, 이 분야에서 더 깊은 연구와 실무 경험을 쌓아 한국의 응급 의료 시스템을 개선하겠다고 결심했다.

이 사건은 그의 전공 선택과 앞으로의 의료 철학에 결정적인 영향을 미쳤다. 그는 응급의학과에서 더 많은 연구와 경험을 쌓아, 이러한 문제점을 하나씩 해결해 나가기 위해 노력하기로 했다. 그의 이야기를 통해 응급의학과가 그에게 어떤 의미를 지니고, 그의 선택이 어떻게 응급의료시스템 개선에 이바지할 수 있는지를 깊이 이해할 수 있을 것이다.

비교적 한편의 글을 잘 완성했다. 비록 사실과 다른 부분이 있지만 그래도 챗GPT는 저자가 의도하는 내용을 어느 정도 채웠다. 이 부분에서 저자가 놀랐던 것은 '아! 챗GPT가 내가 쓴 책도 혹시 학습한 것이 아닌가?' 하는 의문이 들었다. 어느 정도 윤한덕 선생이 응급의학과 의사가 되려고 하는 의도를 챗GPT가 알아차렸기 때문이다. 여기에서 '아이는 목숨을 건져낼 수 있었고, 이 사건은 윤한덕에게 응급의학과의 중요성을 다시 한번 일깨워 주었다.'라고 했지만, 실제는 아이가 죽었고, 그러한 응급의료시스템으로는 대한민국 의료의 미래가 없다고 생각해 윤한덕 선생은 본격적으로 응급의료시스템 구축에 나선다.

그렇지만 어느 정도 챗GPT-4가 작성한 글에 만족했으며, 곧바로 다음 사항을 주문했다. 내러티브 방식으로 수정해달라고 요청했다.

> YE 위 글을 내러티브 방식으로 수정 작성해줘.

> 1993년 봄, 전남 지역의 작은 응급실에서 나, 윤한덕은 신입 인턴으로 발을 들였다. 그 당시에는 아직 응급의학과가 내가 나아갈 길이 될지 몰랐다. 병원의 다양한 부서에서 경험을 쌓아가며, 그저 의사로서 자리를 잡는 것만이 목표였다. 그러나 그날, 그 순간 모든 것이 달라졌다.

어느 오후였다. 병원의 문이 느닷없이 열리고, 불안한 표정의 의료진이 작은 사내아이를 응급실로 실어 들어왔다. 아이의 얼굴은 트럭의 뒷바퀴에 깔려 일그러져 있고, 갈비뼈도 부러져 있었다. 심장이 멎을 지경이었다.

"빨리, 여기서 물러나주세요!"

나와 팀은 아이를 신속하게 치료해야 했다. 이 순간, 의료의 전문성이 얼마나 중요한지, 그리고 응급상황에서는 그 어떤 전문성이 더 중요한지를 뼈저리게 깨달았다.

아이의 목숨은 다행히 구조했지만, 그 사건이 끝난 후 나는 혼자서 많은 시간을 고민했다. 그날 병원에서 겪은 여러 문제점들, 특히 응급의료시스템의 미흡함이 얼마나 많은 환자에게 생명을 위협하는지를 직접 느꼈다.

이 경험은 나에게 막연했던 미래에 명확한 방향성을 제시했다. 응급의학과를 전공하고, 더 나아가서는 한국의 응급의료시스템을 개선하는 것, 그것이 내가 추구해야 할 길임을 깨달았다.

이 사건은 단순한 의료 사건을 넘어, 나의 인생과 직업에 큰 영향을 미쳤다. 그리고 그 영향력은 나뿐만 아니라, 앞으로 내가 만날 모든 환자와 그들의 가족, 그리고 이 나라의 응급의료시스템에까지 이르게 될 것이다.

어떤가? 챗GPT-3.5보다 훨씬 낫지 않은가? 내용도 디테일 면에서 훨씬 세련되게 고쳐졌다. 여기에서 주목할 부분은 챗GPT-4는 적절하게 대화도 가미해 글의 맛을 더 풍부하게 만들었다는 점이다.

이어 다른 글쓰는 방식을 주문했다. 오감을 이용해 다시 작성하되, 글의 양을 늘려줄 것을 요청했다.

> **YE** 오감을 이용해 다시 작성하되, 글의 양을 늘려줘.

> 1993년 봄, 전남 지역의 작은 응급실에서 나, 윤한덕은 신입 인턴으로 발을 들였다. 병원의 무디한 플루오레센트 조명 아래, 손에는 차가운 스테인리스 수술 도구, 코에는 소독제와 체온의 혼합된 냄새가 가득했다. 그 당시에는 응급의학과가 내 인생의 목표가 될 줄은 몰랐다. 일상적인 환자 치료와 문진, 진료 보고서 작성이 나의 하루를 채웠다. 그러던 어느 날, 병원의 자동문이 급하게 열리는 소리와 함께 의료진이 긴급하게 작은 사내아이를 실어 들어왔다. 나는 아이의 피부색이 창백하고, 얼굴이 일그러져 있는 것을 보았다. 트럭의 뒷바퀴에 깔린 뒤 얼굴이 형체를 잃었고, 갈비뼈도 부러져 있었다. 갑작스레 느껴지는 철저한 긴장감, 그리고 무엇보다 강렬했던 것은 눈앞의 아이와 그의 가족의 절박한 눈빛이었다.

"빨리, 여기서 물러나주세요!"
고함을 쳤다. 팀원들은 바로 자리를 비켜, 나는 차가운 스테트, 산소마스크, 주사기를 빠르게 준비했다. 아이의 가족은 울음을 죽이며 한 칸 뒤로 물러났다. 나는 가슴을 두드리며 심장이 다시 뛰기를 기도했다. 팔에 힘을 주어 CPR을 시작하고, 안정을 되찾기 위해 약물을 투여했다.

아이의 심장이 다시 뛰기 시작했을 때, 나는 천천히 숨을 내쉬었다. 그러나 그 사건이 끝나고 나서도, 속으로는 끝없는 의문과 고민이 이어졌다. 그런 상황에서 더 나은 처치를 할 수 있었을까? 이 병원의 응급의료시스템은 정말로 충분한가? 나는 진정으로 이 분야에서 무언가를 바꿀 수 있을까?

나는 그날 밤을 불면으로 보냈다. 병원의 미흡한 응급의료시스템, 그리고 그로 인한 환자와 가족의 고통은 나를 괴롭혔다. 이 모든 것을 변화시켜야 한다는 확신이 들었고, 그렇게 응급의학과를 전공하기로 결심했다.

이 경험은 나에게 의사로서의 새로운 길을 제시했다. 그 길은 응급의료시스템의 개선이라는 큰 그림을 그리고, 그것을 실현하는 것이었다. 나는 그날부터 내 인생과 의료 철학에 대한 깊은 사색을 시작했고, 그 결과를 통해 한국의 응급의료시스템을 더 나은 방향으로 이끌고자 하는 목표를 세웠다.

상당히 세련되게 문장을 수정했음을 알 수 있다. 오히려 전문 작가보다 너 맛깔나는 단어를 사용해 작성하며 챗GPT-4의 글쓰기 수준을 어느 정도 과시한 내용이었다.

이 부분에서 저자는 다시 한 번 놀랐다.

'아! 이게 글쓰기의 혁명이구나?'

그렇다. 이제는 글을 쓰는 건 누구나 쉽게 할 수 있는 일이라는 것을 알 수 있다. 챗GPT를 잘 활용하면 누구나 작가가 될 수 있다는 것을 다시 깨달았다.

챗GPT-3.5 버전에서 했던 질문을 똑같이 주문했다.

YE 이런 내용이 담긴 글을 써줘. 내용을 한번에 다 못 쓰면 내가 〈계속〉이라고 요청할게.

1. 이제 막 의과대학을 졸업한 나는 1993년 봄 전남 지역 응급실에서 응급환자 치료를 위해 뒤 인턴으로 수련 막 시작.
2. 그런데 어느 날 오후 갑자기 갓 초등학교에 입학한 사내아이가 응급실로 실려옴.
3. 트럭이 후진하면서 이 아이를 깔아뭉개 얼굴이 함몰되고 갈비뼈가 부러짐.
4. 갑자기 환자가 들어와 나는 무척 당황.
5. 의과대학에서는 이론으로 배웠지만, 막상 아이가 거칠게 숨을 몰아쉬고, 고통을 호소하자 어

2부 인공지능을 활용한 자서전 작성 방법

떻게 대처해야 할지 방법이 떠오르지 않음.
6. 해당 분야 전문의를 찾았지만, 곧바로 응급실에 내려오지 않음.
7. 그 사이 아이는 긴장성 기흉으로 위험한 상황에 빠짐.
8. 다시 흉부외과 등에 연락했지만 전문의는 오지 않음.
9. 그렇게 시간이 흘러 응급처치를 받지 않은 아이는 끝내 사망.
10. 너무 충격적인 죽음을 목격한 나는 응급의학과 의사가 되어 응급환자를 제대로 치료해야겠다고 생각.

 1993년 봄, 전남 지역의 어느 응급실에서 나, 윤한덕은 신입 인턴으로 첫 발을 딛었다. 이곳에서의 처음 몇 주는 상대적으로 평범했다. 의과대학에서 배운 이론을 실제로 적용해보는 시간, 다소 무거운 분위기에도 긴장보다는 흥분이 더 크게 느껴졌다. 그러던 어느 날 오후, 병원의 분주함을 찢는 듯한 앰뷸런스 사이렌 소리가 들려왔다. 문이 열리자, 갓 초등학교에 입학한 것으로 보이는 작은 사내아이가 눈앞에 나타났다. 그의 얼굴은 인식할 수 없을 정도로 망가져 있었고, 뼈가 부러진 상태로 계속 숨을 몰아쉬고 있었다.

트럭이 후진하는 바람에 아이는 끔찍하게 다치게 되었다는 것을 알게 되었다. 나는 당황스러워했다. 의과대학에서 배운 이론은 이런 상황에 대비하기

엔 너무나 부족했다. 아이가 고통스럽게 숨을 쉬는 소리, 그리고 가족의 절규는 내 머리를 혼란스럽게 만들었다.

당장 그 상황에서 필요한 것은 특별한 전문성을 가진 의사였다. 그래서 해당 분야의 전문의를 불렀지만, 전문의는 바로 응급실로 내려오지 않았다. 그 사이에 아이의 상태는 점점 악화되었고, 긴장성 기흉으로 인한 위험한 상황까지 발생했다.

다시 한번 흉부외과에 긴급 연락을 취했으나, 전문의는 여전히 나타나지 않았다. 그렇게 무력하게 시간이 지나가고, 아이는 끝내 응급 처치를 받지 못한 채 사망했다.

그 순간, 내 가슴은 너무나 무겁고 아팠다. 나는 의사가 되기 위해 그토록 노력했던 의과대학의 시절을 떠올렸다. 그러나 그 모든 노력은 이 아이를 구하지 못했다. 나는 깊은 자책과 함께 충격적인 죽음을 목격한 그날 밤을 잊을 수 없었다. 그 순간부터, 나는 응급의학과 의사가 되어 이 같은 참혹한 상황을 막아야겠다고 다짐했다. 내 삶의 방향은 그날 확고해졌고, 이제 나의 임무는 명확했다. 그것은 한국의 응급의료시스템을 개선하여 더 이상 같은 참사가 일어나지 않도록 하는 것이었다.

〈계속〉

챗GPT가 내용을 상당히 많이 인식하고 저자가 원하는 방향대로 글을 써주었다.

마무리하지 못한 부분은 〈계속〉이라는 주문으로 이어쓰기를 요청했다.

> YE 계속
>
> 나의 결심은 그렇게 탄생했고, 그 후 몇 년 동안의 헌신적인 노력을 통해 중앙응급의료센터에 발을 들였다. 이곳은 응급의료의 중심지로, 무수히 많은 생명이 접촉하는 곳이었다. 하지만 그곳 역시 완벽하지 않았다. 의료진과 장비, 그리고 응급의료시스템 자체가 많이 부족했다. 내가 처음으로 여기에 들어왔을 때 느낀 것은 '나의 미션은 아직 시작도 안 했다'는 절박함이었다.
>
> 내가 참여하게 된 첫 프로젝트는 응급의료시스템의 데이터 분석이었다. 수많은 응급환자의 정보를 분석하면서, 나는 많은 문제점을 발견했다. 특히, 전문의가 빠르게 현장에 도착하지 못하는 경우가 자주 있었다. 그 문제를 해결하기 위해, 내가 제안한 것은 '응급의료 전문가 즉시 호출 시스템'이었다. 이는 응급상황 발생 시, 즉시 해당 분야 전문의를 호출하는 모바일 앱 기반 시스템이었다.
>
> 시스템이 처음 도입되었을 때는 많은 의료진들이 회의적이었다. 하지만 시간이 흐르면서 이 시스템

> 을 통해 여러 명의 환자가 즉시 치료를 받을 수 있게 되었다. 그 성과를 통해, 중앙응급의료센터는 이 시스템을 전국적으로 확산시키기로 결정했다.
> 시스템 도입과 확산이 이루어진 이후, 응급실에서의 사망률이 크게 줄었다는 통계가 나왔다. 그 순간, 나는 그래서인지 눈물이 났다. 그 아이를 떠올리면서, 나는 다짐했다. 이제 더 이상, 응급환자가 제때 치료를 받지 못해 끔찍한 결과를 맞이하게 되는 일은 없어야 한다는 것을.
> 이 모든 경험을 통해, 나는 한 가지 확실한 것을 깨달았다. 그것은 응급의료시스템을 구축하는 것이 단순히 시스템과 프로세스의 문제가 아니라, 사람들의 인식과 문화를 바꾸는 일이라는 것이었다. 그리고 이제 나는 그 미션을 완수하기 위해 또 다른 단계로 나아가기 위한 준비를 하고 있다.
> 어린아이의 죽음이 나에게 일으킨 큰 변화, 그리고 그 변화가 이끌어낸 응급의료시스템의 혁신. 이 모든 것은 나, 윤한덕이 의사로서 걸어온 길 위에 새겨진 답한 각인이다. 내 이야기는 아직 끝나지 않았다. 응급의료의 미래를 위해, 나의 여정은 계속될 것이다.

상당히 세련된 답변을 했다. 이 정도만 해도 충분히 자서전이 될 수 있다는 것을 느꼈다.

그러나 여기에서 문제점. 그것은 위에서도 지적했듯이 할루시네이션. 실제로는 존재하지 않는 것을 마치 있었던 일인 것처럼, 사실인 양 그럴듯하게 답했다는 것이다.

실제 윤한덕 선생은 '응급의료 전문가 즉시 호출 시스템'을 만들지 않았다. 이런 할루시네이션이 종종 나타날 수 있어 본인이 이를 세세히 체크해야 한다. 이런 부분까지 자세히 살피고 하나하나 콘텐츠를 채워나간다면 훌륭한 자서전이 될 수 있을 것이다.

그전에는 최소한 1년, 오래 걸리면 몇 년에 걸쳐 작성해야 할 자서전을 단 한달 만에도 완성할 수 있는 길이 열렸다. 그게 다 챗GPT라는 혁명적인 글쓰기 도구가 나타났기 때문이다.

이 도구를 얼마나 잘 활용하느냐가 효율적으로 글을 쓸 수 있는 기회가 된 것이다.

3부

자서전의 완성과 출판

07
출판 형태 결정 및 고려사항

✏️ 나의 이야기를 어떤 형태로 세상에 내놓을 것인가?

나의 이야기를 세상에 내놓을 때 어떤 형태로 출판할 것인지 결정하는 것은 매우 중요한 과정이다. 전통적인 출판사를 통해 책을 내는 것부터, 전자책, 블로그, 소셜 미디어, 포트폴리오 웹사이트까지 다양한 방법이 있다. 각각의 방법은 그만의 장단점과 특성이 있으므로 명확하게 알고 결정해야 한다.

전통적인 출판은 신뢰성이 높고 오랜 시간 동안 사람들이 읽을 수 있지만, 출판 과정이 복잡하고 시간이 오래 걸릴 수 있다. 전자책은 저렴하고 빠르게 출판할 수 있으나, 독자층이 제한될 수 있다. 블로그나 소셜 미디어는 접근성이 좋고 즉시 피드백을 받을 수 있지만, 신뢰성이 낮을 수 있다. 웹사이트나 포트폴리오는 전문성을 높이고 개인 브랜드를 관리할 수 있으나, 유지 관리에 시간과 노력이 필요하다.

이 외에도 공개할 내용의 성격, 대상 독자층, 예산, 시간, 기술적 능력 등 다양한 변수를 고려해야 한다. 또한, 어떤 형태로든 출판을 결정하면 그에 따른 법적인 문제나 저작권, 출판 계약 등도 충분히 숙지해야 한다. 이런 여러 고려사항을 종합적으로 판단해 나만의 이야기를 어떤 형태로 세상에 내놓을 것인지 결정하는 것이 중요하다.

이런 결정을 내리기 위해서는 먼저 나의 이야기가 어떤 메시지나 가치를 담고 있는지 명확히 알아야 한다. 어떤 이야기는 사진이나 영상이 많이 필요할 수 있으므로 웹사이트나 디지털 미디어가 더 적합할 수 있다. 반면 깊은 내용과 세세한 분석이 필요하다면 전통적인 책 형태가 더 좋을 수 있다.

이런 내용을 얼마나 자주 업데이트할 것인지도 생각해봐야 한다. 실시간으로 정보를 공유해야 한다면 블로그나 소셜 미디어가 더 적합하다. 또한, 내 이야기를 어떻게 홍보하고, 어떤 채널을 통해 더 많은 사람들에게 접근할 것인지에 대한 전략도 필요하다. 이는 대상 독자의 성향과 내용의 성격에 따라 달라질 수 있다.

출판을 위해 필요한 예산도 신중히 계획해야 한다. 전통적인 출판은 높은 투자가 필요할 수 있으며, 디지털 출판의 경우도 플랫폼을 구축하거나 유지 관리하는 데 드는 비용을 고려해야 한다.

그렇지만 이에 앞서 무엇보다도 나의 이야기를 어떻게 효과적으로 표현할 것인가에 집중해야 한다. 글의 구조, 언어, 묘사, 사진과 같은 비주얼 요소 등 다양한 방법을 활용해 이야기를 풍부하고 매력적으로 만들어야 한다.

나의 이야기를 세상에 내놓을 형태를 결정하는 것은 단순히 어떤 플랫폼을 선택하는 것 이상의 의미가 있다. 내용과 형태, 독자와의 상호작용, 지속 가능한 관리와 홍보 전략까지 종합적으로 고려하는 과정에서 나만의 이야기는 더욱 가치 있고 의미 있는 것으로 전환될 수 있다.

이제 이 모든 과정을 어떻게 구체화할 것인지를 생각해 볼 차례다. 사실, 이 모든 것을 혼자서 하기는 쉽지 않을 수 있다. 전문가의 도움을 청하거나, 친구나 가족으로부터 피드백을 받는 것도 중요한 단계다. 내 이야기에 대한 초안을 작성한 뒤에는 여러 사람에게 읽어보고 의견을 물어볼 수 있다. 그리고 피드백을 통해 더 나은 구조나 내용으로 개선할 수 있다.

내 이야기가 세상에 어떤 영향을 미칠지, 어떤 가치를 전달할지를 명확하게 알고 있으면 그에 따른 적절한 출판 형태와 전략이 보다 명확해질 것이다. 나의 이야기가 사회적 이슈에 대한 중요한 메시지를 담고 있다면, 대중에게 빠르게 전달해야 할 필요가 있을 것이다. 이런 경우에는 온라인 미디어나 소셜 네트워크를 통한 홍보가 효과적일 수 있다.

이 모든 것을 구현하기 위해서는 계획과 실행이 필요하다. 목표를 설정하고, 그에 따른 일정과 예산, 필요한 리소스를 정리하는 것도 잊지 말아야 한다. 계획은 구체적이고 실행 가능해야 하며, 실제로 계획대로 잘 진행되고 있는지를 주기적으로 점검하는 것이 좋다. 이렇게 계획과 실행, 지속적인 점검과 수정을 통해 나만의 이야기를 성공적으로 세상에 내놓을 수 있을 것이다.

🔖 출판의 A to Z

출판의 과정은 꽤 복잡하고 다양한 단계를 거친다. 가장 기본적인 것부터 시작해서 심화적인 내용까지 살펴본다.

기초 단계에서는 원고의 준비가 가장 중요하다. 이 단계에서는 어떤 주제로 책을 쓸 것인지, 대상 독자는 누구인지, 이 책이 어떤 목적을 가지고 있는지 등을 명확히 해야 한다. 원고가 준비되면 그것을 어떻게 편집할지, 어떤 스타일과 톤으로 통일할지 등을 결정한다.

다음 단계는 출판사 선택과 계약이다. 이 단계에서는 자신의 원고가 어떤 출판사와 가장 잘 맞을지를 판단해야 한다. 계약을 체결하기 전에는 저작권, 로열티, 마케팅 및 홍보에 대한 내용을 충분히 이해하고 있어야 한다.

출판 준비 단계에서는 책의 디자인, 레이아웃, 인쇄 등이 이루어진다. 이 단계에서는 전문가의 도움을 많이 받게 되며, 책의 품질을 높이기 위한 여러 가지 작업이 이루어진다.

출판 이후의 단계에는 마케팅과 홍보가 중요하다. 이 책을 어떻게 대중에게 알릴 것인지, 어떤 경로로 판매할 것인지 등을 결정하고 실행에 옮긴다.

이러한 기초적인 부분을 넘어서면, 심화 단계에서는 다양한 포맷의 출판(예: 전자책, 오디오북), 다국어 출판, 지속적인 판매 전략 등을 고려할 수 있다. 저자 자신의 브랜드를 어떻게 관리하고 확장할 것인지에 대한 전략도 중요하다.

출판은 단순히 책을 만드는 것 이상의 복잡한 과정이며, 이 과정을 잘 관리하고 실행하기 위해서는 전문적인 지식과 노력이 필요하다. 이 모든 것은 저자의 초기 아이디어와 열정에서 시작된다는 것을 잊지 말아야 한다.

그렇다면 출판의 성공을 위해서는 어떤 추가적인 요소가 필요할까? 여기서는 출판물의 지속성과 브랜딩에 대해서도 고민해 볼 만하다.

일단 책이 출판되면, 그것이 한 번의 이벤트가 아니라 지속적인 과정의 일환임을 인식하는 것이 중요하다. 책의 판매와 홍보는 계속될 것이고, 이를 위한 다양한 전략이 필요하다. 여기에는 소셜 미디어 활용, 저자 행사, 리뷰 및 인터뷰 등이 포함될 수 있다.

단순히 한 권의 책을 팔기 위한 목적을 넘어, 저자 브랜드를 구축하는 것도 중요하다. 이는 특히 시리즈물이나 다수의 작품을 계획하고 있는 경우, 또는 저자 자신이 전문가로서의 입지를 더욱 견고히 하고자 하는 경우에 특히 그렇다.

출판된 책의 데이터 분석도 무시할 수 없는 요소다. 판매량, 독자의 피드백, 리뷰 등을 분석해 앞으로의 작품이나 수정, 재출판을 어떻게 할 것인지 결정할 수 있다. 이 데이터를 통해 저자와 출판사는 더욱 명확한 방향성을 설정할 수 있다.

출판은 긴 호흡의 마라톤과 같다. 여러 단계와 과정을 거치며 계속해서 발전하고 수정해야 한다. 초기 단계의 계획부터 마지막 단계의 실행까지, 모든 것을 철저히 준비하고 관리하는 것이 출판의 성공을 위해 필수적이다.

출판을 위한 마지막 준비단계에서도 여전히 주의해야 할 점이 있다. 이 단계에서는 내용과 디자인, 저작권 등 다양한 요소를 종합적으로 검토해야 한다. 레이아웃이나 타이포그래피, 색상과 이미지 등도 이 단계에서 결정되며, 이들은 책의 전반적인 분위기와 독자에게 주는 인상을 크게 좌우한다. 따라서 전문가의 의견을 청하거나 여러 번의 리뷰와 수정 과정을 거칠 필요가 있다.

책이 출판된 후에는 분석과 평가가 이어진다. 판매량은 물론, 독자로부터의 피드백, 서점에서의 진열 위치와 방법, 온라인 플랫폼에서의 노출도 등을 철저히 분석해 다음 출판물에 녹여내야 한다. 이때 독자의 반응과 피드백은 특히 중요한데, 이를 통해 어떤 점이 잘 되었고 어떤 점이 개선되어야 하는지를 알 수 있다.

'나만의 이야기를 어떻게 홍보할 것인가?' 이 부분도 중요하다. 나만의 이야기를 세상에 알리기 위해서는 홍보가 필수적이다. 홍보의 첫 단계로 보도자료를 작성하는 것이 효과적이다. 보도자료는 굉장히 전략적으로 작성되어야 하며, 무엇보다 중요한 것은 독자 또는 대상 층에게 어떤 가치를 제공하는지 명확하게 알려주는 것이다. 기본적인 정보는 물론, 책의 독특한 점, 이를 통해 독자가 얻을 수 있는 이익 등을 강조하면 좋다.

이때 작품의 주제나 대상 독자에 따라 홍보 전략을 달리해야 하는 경우도 많다. 보도자료도 그냥 임의로 작성하는 것이 아니라, 언론사나 미디어의 특성에 맞게 내용을 구성해야 한다. 그래야만 작품이나 정보가 더 많은 사람들에게 전달될 가능성이 높아진다.

출판기념회나 사인회, 온라인 웹 세미나와 같은 오프라인 이벤트도 계획해볼 만하다. 이런 이벤트에서는 독자들을 직접 만나 그들의 반응을 살펴보고, 나만의 이야기를 더 효과적으로 전달할 수 있다. 이러한 활동은 책과 별도로 나의 브랜드나 이미지를 구축하는 데 도움을 줄 수 있다.

SNS나 블로그, 웹사이트를 활용한 온라인 홍보도 중요하다. 이렇게 만들어진 콘텐츠는 다양한 플랫폼에서 쉽게 공유될 수 있어 더 많은 사람들에게 나만의 이야기를 알릴 수 있다. 특히 독자들과의 인터랙션을 통해 더 깊은 관계를 형성할 수 있어 이후 활동에도 긍정적인 영향을 미칠 것이다. 책을 주제로 한 온라인 웨비나 팟캐스트를 준비하면 좋다. 이외에도 유튜브 채널을 만들어 책의 주제나 관련 내용을 다룰 수 있고, 이를 통해 새로운 독자층을 확보할 수 있다.

책을 계속 홍보하기 위해서는 재정적인 부분도 신경 써야 한다. 예산을 어떻게 분배하고, 어떤 홍보 활동이 가장 효과적인지를 분석하는 것이 중요하다. 예산 내에서 최대한 효율적으로 홍보할 수 있는 방법을 찾아야 한다.

이 모든 홍보 활동은 명확한 전략과 계획이 필요하다. 어떤 채널이나 방법이 나의 이야기에 가장 적합한지, 어떻게 하면 더 많은 사람들에게 접근할 수 있는지를 철저히 고민하고 실행해야 한다. 이를 위해 프로모션 회사나 마케팅 전문가의 도움을 청하는 것도 방법이다.

나만의 이야기를 성공적으로 홍보하기 위해서는 준비와 실행, 지속적인 관리가 필요하다. 이를 통해 나만의 이야기는 단순히 책장에서 먼지가 끼도록 방치되는 것이 아니라, 많은 사람들이 읽고 공감하게 될 것이다.

나만의 이야기를 성공적으로 홍보하려면 지속적인 노력이 필요하다. 책이 출판된 후에도 계속해서 독자들과의 관계를 유지하고, 다양한 콘텐츠로 그들의 관심을 유지해야 한다. 예를 들어, 웹사이트나 SNS에서 독자들의 질문에 답하는 것, 관련된 주제나 이슈에 대한 새로운 글을 지속적으로 작성하는 것 등이 있다.

나만의 이야기를 더 넓은 범위로 홍보하기 위해 다양한 매체와 협업도 고려해볼 만하다. 다른 저자나 인플루언서, 유튜버와의 공동 프로젝트나 인터뷰 등을 통해 다른 층의 독자나 팔로워에게도 나만의 이야기를 알릴 수 있다.

나만의 이야기가 잘 전달되려면 그 내용이 풍부하고 깊어야 한다. 홍보와 마케팅은 중요하지만, 결국 가장 중요한 것은 책의 내용이다. 뛰어난 내용이라면 자연스럽게 사람들 사이에서 입소

문이 퍼져 나가고, 그만큼 홍보 효과도 높아질 것이다.

이렇게 다양한 방법과 전략을 통해 나만의 이야기는 더 많은 사람들에게 알려지게 될 것이다. 그 과정에서 나 자신도 성장하게 되고, 또 다른 이야기를 만들어 갈 수 있는 기회를 얻게 될 것이다.

홍보에 있어서는 또한 타이밍이 중요하다. 책 출시와 동시에 일어나는 이벤트나 특별한 날들, 혹은 현재 사회에서 뜨거운 이슈와 연결될 수 있는 요소가 있다면 그것을 적극 활용하는 것이 좋다. 어떤 사회 문제나 트렌드와 나만의 이야기가 연결될 경우 해당 이슈가 화제가 되는 시점에 맞춰 홍보를 진행한다면 훨씬 더 큰 주목을 받을 수 있다.

독자들이 직접 참여할 수 있는 플랫폼을 제공하는 것도 한 방법이다. 독자 리뷰 콘테스트를 열거나, 나만의 이야기와 관련된 사진이나 에세이를 공유할 수 있는 공간을 만드는 것은 독자들이 책에 대한 애착을 느끼고, 다른 사람들에게도 추천하게 만드는 방법 중 하나다.

특히 디지털 시대에 살고 있는 만큼, 온라인 홍보의 중요성을 무시할 수 없다. 소셜 미디어, 블로그, 유튜브 등 다양한 온라인 플랫폼에서의 활동은 물론, 이메일 뉴스레터나 웹사이트를 통해 지속적으로 정보를 제공하고 독자들과 소통하는 것이 중요하다.

단, 이 모든 활동은 지속적이어야 한다는 것을 명심해야 한다. 책이 출판되고 나서도 계속해서 새로운 독자를 얻고, 기존의 독자와의 관계를 깊게 해 나가는 것이 중요하다. 이러한 노력이 계속되어야 나만의 이야기는 지속적으로 사람들에게 전달되고, 그 가치가 인정받을 것이다.

✏️ 출판 후의 관리와 피드백

출판 후에도 책의 생명력을 유지하고 개선하는 것은 중요한 작업이다. 특히 리뷰나 피드백도 중요한 부분이다. 나만의 이야기가 어떻게 받아들여지고 있는지를 알아야, 무엇을 개선하거나 확장할지 결정할 수 있다. 이를 위해서는 언론이나 블로거, 일반 독자들로부터의 리뷰를 적극적으로 수집하고 분석해야 한다.

처음에는 독자들로부터의 피드백을 적극적으로 수용해야 한다. 리뷰, 소셜 미디어에서의 의견, 직접적인 피드백 등을 통해 어떤 부분이 잘 되고 있으며, 어떤 부분이 개선이 필요한지를 파악할 수 있다. 이러한 피드백은 다음 작품을 위한 중요한 자료가 될 뿐만 아니라, 현재 출판된 책의 재출판이나 수정에도 큰 도움이 된다.

피드백은 작품을 개선할 수 있는 좋은 기회이며, 실제로 많은 작가나 전문가들이 독자나 리뷰어의 피드백을 적극적으로 수용해 다음 작품이나 개정판에 반영한다. 이런 피드백은 단순한 칭찬과 비판을 넘어, 작품을 더 깊이 이해하고 발전시키는 데 큰 도움을 줄 수 있다.

이에 따라 피드백을 받을 수 있는 다양한 채널을 활용할 필요가 있다. 소셜 미디어, 이메일, 온라인 커뮤니티에서 직접 의견을 물어보거나 설문 조사를 진행할 수 있다. 이런 활동을 통해 독자들이 책에 대해 어떻게 생각하는지, 또 어떤 부분을 더 좋아하거나 싫어하는지 알 수 있다.

출판 후에도 지속적인 마케팅과 홍보가 필요하다. 책이 잘 팔리고 있더라도, 홍보와 마케팅을 멈추면 금방 잊혀질 수 있다. 새로운 마케팅 전략을 세우거나, 특별 이벤트를 계획해 책을 계속해서 알릴 방법을 찾아야 한다.

특히 디지털 버전이나 오디오북 등 다른 형태로의 출판도 고려해 볼 만하다. 같은 내용이라도 다른 형태로 출시되면 새로운 독자층을 확보할 수 있다. 이러한 활동을 통해 책은 계속해서 발전하고, 나의 이야기는 더 많은 사람들에게 전달될 수 있다.

출판물의 품질을 지속적으로 모니터링하는 것도 무시할 수 없는 작업이다. 재고 상황, 판매량, 리뷰 등을 주기적으로 체크하여 필요한 조치를 취해야 한다. 판매량이 떨어진다면 가격 조정, 프로모션, 또는 할인 전략 등을 고려할 수 있다.

나의 이야기를 담은 책이 어떤 사회적 혹은 문화적 문제와 연결될 수 있는지를 파악해 그에 맞는 홍보 전략을 세울 수도 있다. 책의 주제가 환경 문제와 관련이 있다면, 환경을 보호하는 여러 단체나 이벤트와 협력을 추진할 수 있다.

독자들과의 직접적인 소통을 소홀히 하지 않는 것이 중요하다. 독자의 의견과 피드백은 책을 개선하고 다음 작품에 반영할 수 있는 소중한 자료다. 이메일 뉴스레터나 소셜 미디어를 통해 독자들과 지속적으로 소통하고 그들의 의견을 들어보는 것이 좋다.

이렇게 출판 후에도 다양한 활동을 통해 책과 나의 브랜드를 지속적으로 관리하고 개발한다면, 단순히 책을 출판했다는 것 이상의 가치를 창출할 수 있다.

출판 후에도 활동을 멈추면 안 된다. 오히려 이제부터가 시작이라고 볼 수 있다. 책의 판매와 배포는 계속되고, 그 과정에서 생기는 다양한 문제들을 해결해야 한다. 물류 문제, 판매처와의 협상, 책의 재판 등을 신경 써야 할 일이 더욱 늘어난다.

책이 얼마나 잘 팔리고 있는지, 독자들이 어떤 반응을 보이고 있는지도 주기적으로 확인해야 한다. 이를 위해서는 온라인 책 판매 사이트의 리뷰, SNS에서의 반응, 직접적인 피드백을 모두 모니터링해야 한다. 특히 부정적인 피드백이 있다면 이를 잘 받아들이고 개선점을 찾는 것이 중요하다.

책이 성공적으로 판매되고 있다면 이를 계기로 다음 작품을 준비하는 것도 좋은 전략이다. 이미 얻은 독자층과 경험을 바탕으로 다음 작품을 계획한다면, 그 과정이 더욱 수월해질 것이다.

이처럼 출판 후에도 꾸준한 노력과 관리가 필요하다. 지속적으로 자신의 작품을 살펴보고, 독자의 반응을 체크하며, 새로운 홍보 전략을 세우는 등 다양한 활동을 통해 책과 나의 브랜드를 계속해서 성장시켜야 한다.

08
나의 이야기에서 무엇을 얻을 것인가?

📝 노하우 공유 및 전문가 조언

작성 과정에서의 노하우와 전문가의 조언은 많은 사람들에게 유용한 정보를 제공할 수 있다. 노하우 측면에서는 기본적인 구조를 설정하고, 목적을 명확히 하는 것이 중요하다. 이런 준비 과정을 통해 더 효율적인 작성이 가능하다. 또한, 글의 흐름과 구조를 잘 파악하기 위해 아웃라인을 작성하는 것도 도움이 된다.

전문가의 조언 중 하나는 '오감을 이용한 글쓰기' 방법이다. 즉, 보는 것뿐만 아니라 느끼고, 듣고, 맛보고, 냄새를 맡는 등의 감각을 활용해 독자에게 더 생동감 있는 이야기를 전달할 수 있다. 이 외에도 '스토리텔링'과 '서사와 묘사의 적절한 조화' 등도 중요한 글쓰기 전략이 될 수 있다.

특히 인공지능과 상호작용하는 경우, 데이터 보안과 개인정보 보호에 유의해야 한다는 것도 중요한 조언이다. 인공지능은 많은 정보를 처리할 수 있지만, 그 정보가 어디에 저장되고 어떻게 활용되는지도 주의 깊게 살펴봐야 한다.

작성과 출판, 그 이후의 과정은 지속적인 노력과 관심이 필요한 작업이다. 그러나 이 모든 과정을 거치면서 얻게 되는 것은 단순한 '완성된 작품'이 아니라, 그 과정 자체에서 오는 성취감과 다양한 경험, 그리고 지식이다. 이런 것들이 바로 노하우와 전문가 조언을 통해 더욱 끊임없이 발전할 수 있는 원동력이 될 것이다.

모든 작업이 끝난 뒤에도 지속적인 관리와 업데이트가 필요하다. 전자책의 경우에는 새로운 형식이 나오거나 플랫폼이 변경될 수 있으므로, 이에 대응하기 위한 업데이트가 필요할 수 있다. 또한, 작품의 주제나 내용에 따라 시간이 지나면서 정보가 오래되거나 새로운 연구나 자료가 나오면 그것을 반영해야 할 필요도 있다.

작성에서 출판, 홍보, 지속적인 관리까지 글쓰기와 출판은 매우 복잡한 과정을 거친다. 하지만 이 모든 것은 결국 작품을 더 좋게 만들고, 더 많은 사람들에게 의미 있는 메시지를 전달하기 위한 과정이다. 이런 노력과 고민을 통해 얻을 수 있는 가치는 말로 표현할 수 없을 만큼 크다.

글쓰기는 독학으로도 충분히 익힐 수 있는 기술이지만, 전문가의 조언이나 다른 작가들과의 네트워킹은 무시할 수 없는 가치가 있다. 여러 전문가들의 조언을 듣고, 그들이 어떻게 일을 처리하는지 관찰하는 것만으로도 많은 것을 배울 수 있다. 자신만의 스타일을 찾는 것이 중요하지만, 다른 사람들이 겪은 문제를 미리 알고 대비한다면 시간과 노력을 절약할 수 있다.

특히 글쓰기와 관련된 워크숍이나 온라인 코스, 세미나 등을 통해 실력을 키울 수 있다. 이런 자리에서는 독자적으로는 얻기 힘든 팁이나 노하우, 최신 트렌드를 쉽게 접할 수 있다. 뿐만 아니라 이런 자리를 통해 같은 목표를 가진 사람들과 만나 정보를 교환하거나 협력하는 기회도 생긴다.

이 모든 과정에서 가장 중요한 것은 지속적인 학습과 연습이다. 세상은 끊임없이 변하고, 그 변화에 빠르게 적응해야만 생존할 수 있다. 무엇이든지 한 번 배웠다고 해서 끝이 아니다. 지속적으로 새로운 것을 배우고, 알고 있는 것을 복습하고, 실제로 적용해보는 것이 중요하다. 이렇게 해야만 글쓰기 능력도, 작품의 질도 지속적으로 향상될 수 있다.

✏️ 작성의 궁극적 의미와 가치의 탐구

작성의 궁극적 의미와 가치를 탐구한다는 것은, 글쓰기가 단순히 정보를 전달하거나 의사를 표현하는 수단을 넘어서 어떠한 더 깊은 의미를 지닐 수 있는지를 고민하는 것이다. 글은 생각과 감정, 지식과 철학을 효과적으로 전달하는 도구일 뿐만 아니라, 작성자 자신과 독자 모두에게 새로운 가치와 의미를 창출할 수 있다.

글쓰기는 내적인 성찰의 과정이기도 하다. 자신의 생각과 감정을 글로 표현함으로써 자신을 더 잘 이해하고, 그로 인해 개인적인 성장을 경험하게 된다. 이 과정에서 문제의식을 명확히 할 수 있고, 더 나아가 해결책을 찾거나 새로운 방향성을 설정할 수도 있다.

글은 다른 사람과의 의사소통의 매개체이기도 하다. 글을 통해 다른 사람들과 공감을 나누거나, 특정 문제에 대한 공동의 해결책을 모색할 수 있다. 이렇게 글쓰기는 단순히 개인의 문제나 생각을 넘어, 사회적 이슈나 현상에 대한 더 넓은 시각을 제공할 수 있다.

이 모든 것을 통해 글쓰기는 문화와 지식, 인간성 등 여러 가치를 누적하고 전달하는 매개체가 될 수 있다. 글이라는 형태로 지식과 경험, 그리고 가치가 세대를 넘어 전달되며, 인류의 집단 지성을 형성해 나간다.

작성의 궁극적 의미와 가치는 개인의 성장은 물론, 사회와 인류 전체의 발전에도 중요한 역할을 하는 것이다. 이런 이유로 작성은 단순한 '행위'를 넘어, 궁극적으로는 '문화'와 '가치'의 창출과 전달에 기여하는 중요한 과정이라고 할 수 있다.

글쓰기의 궁극적인 가치와 의미를 더 깊게 이해하기 위해서는 이를 실천하는 과정에서 얻을 수 있는 여러 가지 노하우와 전문가의 조언도 중요하다. 이러한 지식과 경험은 글쓰기의 퀄리티를 높이고, 작성자가 자신의 목적과 가치를 더 명확하게 전달할 수 있게 도와준다.

스토리텔링 방식이나 비유법을 활용하면 글이 더 흥미롭고 감동적으로 다가온다. 외부 자료를 적절히 인용하고 참조하면 글의 신뢰성이 높아진다. 이러한 다양한 작성 방법과 전략은 글쓰기의 다양한 면모와 가능성을 탐구하는 과정에서 자연스럽게 습득할 수 있다.

인공지능과 같은 현대 기술을 적절히 활용하면 정보의 정확성을 높이고, 작성 과정을 효율화할 수 있다. 그러나 인공지능을 활용할 때는 그 한계와 주의사항, 예를 들어 데이터의 편향성이나 인간의 창의성을 대체하지 못한다는 점 등도 고려해야 한다.

출판과 홍보, 그 이후의 관리와 피드백도 글의 가치를 최대한으로 활용할 수 있는 방법 중 하나다. 자신의 글이 다른 사람들에게 어떤 영향을 미치고 있는지를 알고, 그에 따라 계속해서 개선하고 성장하는 것이 중요하다.

글쓰기는 개인적인 표현의 수단에서 출발해 사회적, 문화적, 인류적 차원에서의 깊은 의미와 가치를 지닌다. 이러한 전체적인 틀 안에서 자신만의 스타일과 목적에 따라 글을 작성하는 것은 끊임없는 탐구와 성장의 과정이며, 그 과정 자체가 바로 글쓰기의 궁극적인 가치라고 할 수 있다.

글쓰기의 궁극적인 가치는 단순히 정보 전달 그 자체를 넘어서는 것이다. 그것은 사람들과 연결되고, 복잡한 생각이나 감정, 경험을 공유하고 이해하는 과정에서 찾을 수 있다. 여기에서 글쓰기의 가치는 더욱 깊어지며, 이를 통해 개인은 자신의 내면세계를 더욱 풍부하게 만들고, 독자에게도 새로운 시각이나 통찰을 제공할 수 있다.

이러한 가치를 실현하기 위해서는 끊임없이 글쓰기에 대한 자기 자신의 이해를 깊게 해야 한다. 어떤 주제가 나에게 중요한지, 나의 글로 인해 독자가 어떤 변화를 경험할 수 있는지 등을 고민하는 것이다. 이러한 고민을 바탕으로 글쓰기의 다양한 기술과 방법을 적용하거나, 필요한 경우 그것을 뛰어넘을 수 있는 창의적인 접근법을 찾아내는 것이 중요하다.

글쓰기의 궁극적인 의미와 가치는 작성자의 의도와 노력, 독자와의 상호작용 속에서 끊임없이 재정의되고 발전한다. 이러한 과정 속에서 글쓰기는 단순한 정보의 전달 수단을 넘어, 문화와 지식, 인간성을 형성하고 공유하는 중요한 도구로서의 역할을 하게 된다. 이것이 바로 글쓰기가 지닌 깊이 있는 가치와 의미이며, 이를 탐구하고 실현하는 것이 각자의 작성 활동에서 추구할 수 있는 가장 큰 목표라고 할 수 있다.

🏷️ 출판을 통한 자신 만의 브랜드 구축

저자 브랜드 구축은 단순히 책을 팔기 위한 전략을 넘어선 중요한 과정이다. 이는 특히 작품의 시리즈나 다수의 출판을 계획하고 있는 저자, 전문가로서의 명성을 높이고자 하는 사람들에게 필수적이다. 저자 브랜드는 그저 이름이나 얼굴을 넘어, 작품과 연결된 가치와 신념, 독자와의 긴밀한 관계까지 포함한다. 그렇기에 저자 브랜드를 구축하는 것은 단순히 마케팅 전략을 넘어 작품과 저자 자신에게 부여할 수 있는 가장 귀중한 자산 중 하나이다.

먼저 저자 브랜드 구축을 위해서는 자신만의 '색'을 찾아야 한다. 이는 고유한 스타일, 주제, 접근 방식을 의미한다. 예를 들어, 일부 작가는 사회 문제에 대한 깊은 통찰을 제공하는 것으로 유명하다. 반면에 다른 작가는 뛰어난 이야기 구성 능력이나 독특한 캐릭터로 독자의 마음을 사로잡는다. 자신만의 색을 찾고 이를 일관되게 표현하는 것이 브랜드 구축의 첫걸음이다.

다음으로 저자 브랜드를 강화하기 위해서는 독자와의 상호작용이 필수적이다. 소셜 미디어, 블로그, 각종 온라인 플랫폼을 통해 독자들과 직접 소통할 수 있는 기회를 만든다. 이를 통해 독자는 단순히 책의 내용을 넘어 저자의 생각과 가치에 대해 더 깊게 이해할 수 있다. 더불어 독자와의 상호작용은 미래 작품에 대한 피드백과 아이디어를 얻을 수 있는 좋은 기회이기도 하다.

자신의 전문성과 노하우를 다양한 형태로 공유하는 것도 중요하다. 이는 강연, 워크숍, 다양한 미디어 출연을 통해 이루어질 수 있다. 전문성을 공유함으로써 저자는 자신의 브랜드 가치를 높이고, 더 넓은 독자 층에게 자신의 작품을 알릴 수 있다. 이러한 활동은 책의 내용을 더 깊게 이해하고 싶어하는 독자에게 큰 도움이 될 것이다.

저자 브랜드는 단기적인 목표를 넘어, 장기적인 경력 구축과 지속 가능한 성공을 위한 핵심 요소이다. 저자 브랜드 구축은 출판뿐만 아니라 전체적인 작가 활동에 있어서 중요한 전략으로 작용한다.

저자 브랜드를 구축하고 유지하는 것은 꾸준한 노력이 필요하다. 책을 하나 출판한 뒤에 머뭇거리거나 멈춰서면 안 된다. 이는 장기적으로 볼 때, 브랜드 가치를 저하시킬 수 있다. 그래서 계속해서 작품을 출판하고, 독자와의 상호작용을 유지해야 한다. 신간이나 특별한 이벤트가 없을 때도 뉴스레터나 블로그를 통해 독자들에게 자신의 활동과 생각을 공유하는 것이 좋다.

브랜드 구축이 잘 되면, 그 효과는 단순한 책 판매를 넘어 다양한 수익 모델로 확장될 수 있다. 저자 브랜드가 강하면 강연 초청, 컨설팅, 다른 형태의 파트너십이 더 쉽게 이루어진다. 이는 저자에게 더 큰 창의적 자유와 재정적 안정을 가져다주며, 더 많은 작품을 창작할 수 있는 기회를 제공한다.

저자 브랜드 구축은 작가의 경력에 있어서 하나의 프로젝트나 단편적인 활동보다 훨씬 중요한 의미를 지닌다. 이를 통해 작가는 자신의 작품, 가치, 전문성을 효과적으로 전달하며, 더 많은 독자와의 의미 있는 관계를 형성할 수 있다. 저자 브랜드 구축은 단순한 마케팅 전략을 넘어, 작가 자신의 가치와 장기적인 성공을 위한 핵심 전략이라고 할 수 있다.

저자 브랜드를 구축할 수 있는 방법 중 중요한 하나는 자서전 등을 통해 자신을 알리는 출판이다. 특히 자서전 출판은 단순히 자신의 이야기를 나열하는 것을 넘어, 자신의 전문성과 노하우를 세계에 알리는 중요한 도구다. 자서전에서는 단순한 경력 나열이 아니라, 그 경력을 통해 얻은 지식, 노하우, 그리고 인사이트를 공유할 수 있다. 이런 과정을 통해 작가는 자신이 지닌 전문성을 대외적으로 입증할 수 있다.

자서전 출판은 사회에 새롭게 진입하려는 경력 초기의 젊은 사람들에게도 많은 도움이 된다. 자신의 분야에서 사회에 나서기 위해 무엇을 해온 것인지, 어떤 특별한 경험이나 노하우가 있는지를 체계적으로 정리하고 공유함으로써 사회나 직장에 첫발을 내딛을 때 확고한 자신감과 방향성을 가질 수 있다.

이는 중년이나 퇴직을 앞둔 사람들에게도 마찬가지다. 긴 경력을 정리하고 회고함으로써, 자신이 무엇을 잘할 수 있는지, 또

앞으로 어떤 일을 해나갈 것인지에 대한 명확한 방향성을 설정할 수 있다. 이렇게 노하우와 전문성을 담은 자서전은 실제로 인생의 두 번째 막을 준비하는 사람들에게 새로운 시작의 발판이 될 수 있다.

자서전은 단순한 회고록이 아니라, 자신의 전문성과 노하우, 그것을 어떻게 사회와 공유할 것인지에 대한 전략적인 수단이다. 이를 통해 개인은 물론, 사회나 직장, 더 나아가 세계와의 소통의 채널을 열 수 있다. 이는 결국 작가 스스로에게도, 그의 노하우와 전문성을 더욱 발전시킬 기회를 제공한다.

물론 자서전을 작성하고 출판하는 과정 자체도 쉬운 일은 아니다. 하지만 이 과정을 통해 작가는 자신의 생각과 경험을 체계화하고, 그것을 언어로 표현하는 능력을 키울 수 있다. 이런 능력은 다양한 분야에서 활용될 수 있으며, 이는 작가에게 또 다른 전문성을 더해줄 것이다.

출판된 자서전은 작가와 독자 간의 소통 수단이기도 하다. 독자의 피드백을 통해 작가는 자신의 전문성과 노하우에 대한 새로운 인사이트를 얻을 수 있으며, 이를 다음 작품이나 프로젝트에 반영할 수 있다. 따라서 자서전은 작가 자신을 브랜딩하는 데 있어 아주 유용한 도구로 작용할 수 있다.

뿐만 아니라, 자서전 출판은 작가가 다른 전문가나 도메인과 연결될 수 있는 기회를 제공한다. 출판 이후에 이어지는 각종 인터뷰, 강연, 워크숍 등을 통해 작가는 자신의 전문성을 더 널리 알릴 수 있고, 다양한 사람들과 네트워크를 형성할 수 있다.

자서전 출판은 작가에게만 이익을 주는 것이 아니다. 그 경험과 노하우, 전문성을 통해 독자와 사회에도 긍정적인 영향을 미칠 수 있다. 이를 통해 작가는 자신의 노력과 지식이 어떻게 다른 이들에게도 도움이 될 수 있는지를 명확하게 인지할 수 있다. 이런 인식은 작가가 지속적으로 성장하고, 더 나은 전문가가 되기 위한 원동력이 될 것이다.

저자 브랜드 구축이 잘 되면 그 효과는 놀랍다. 전문가로 인정받는 순간, 내 의견과 지식, 심지어는 내가 생각하는 방식까지도 가치를 가지게 된다. 이러한 브랜딩이 잘 되면 내가 하는 일, 즉 저서를 넘어서 다양한 방법으로 사람들과 연결될 수 있고 그로 인한 수익을 창출할 수도 있다.

강연은 브랜드 구축에 아주 효과적인 방법이다. 내가 쓴 책의 내용을 바탕으로 특별 초청을 받을 수 있고, 이런 행사에서 다른 전문가나 업계 인사들과 네트워킹할 기회도 생긴다. 또한, 강연을 통해 직접적인 수익을 창출할 수 있을 뿐만 아니라, 자신의 책이나 다른 상품을 홍보할 수 있는 기회도 얻게 된다.

컨설팅 역시 좋은 수익 모델 중 하나다. 저자 브랜드가 확립되면, 사람들은 나의 전문 지식을 빌리기 원할 것이다. 이것은 상당히 높은 시간당 수익을 가져다주며, 또한 나의 전문성을 다시 한번 증명해 준다.

그 외에도 워크숍 주최, 온라인 코스 개발, 유료 뉴스레터 구독 등 다양한 방법으로 수익을 창출할 수 있다. 이러한 다양한 활동을 통해 여러분은 더 넓은 관객에게 내 브랜드와 메시지를 전파할 수 있고, 그로 인해 브랜드 가치를 더욱 높일 수 있다.

브랜드가 강하면 그것이 나에게 주는 자유도 역시 커진다. 한 가지 일에만 종속되지 않고, 다양한 방법으로 자신의 전문성과 노하우를 활용할 수 있다. 이는 창의적인 작업에 더 많은 시간을 투자할 수 있도록 도움을 주고, 작가가 더 나은 작품을 만들어낼 수 있도록 하는 데에 중요한 역할을 할 것이다.

챗GPT 활용해 한달 만에 자서전 쓰기

초판인쇄_ 2023년 10월 01일
초판발행_ 2023년 10월 09일

지은이_ 김연욱
펴낸곳_ ㈜마이스터연구소
펴낸이_ 박혜은
주   소_ 서울시 성북구 성북로 4길 52, 상가동 417동 718호

ISBN_

정가_ 18,000원

※ 이 도서의 판권은 ㈜마이스터연구소와 저자에게 있으며,
   수록된 내용의 무단복사 및 전재를 금합니다.